Uta Claus / Rolf Kutschera

Bockstarke Klassiker

Eichborn Verlag

CIP-Kurztitelaufnahme der Deutschen Bibliothek

Claus, Uta:
Bockstarke Klassiker / Uta Claus ; Rolf
Kutschera. — Frankfurt am Main : Eichborn, 1985.
ISBN 3-8218-1819-0
NE: Kutschera, Rolf:

4. Auflage, Oktober 1986

 · Cover: Rolf Kutschera · Gesamtherstellung: Fuldaer Verlagsanstalt GmbH · ISBN 3-8218-1819-0 · Verlagsverzeichnis schickt gern: Eichborn Verlag, D-6000 Frankfurt 70

Wenn Schillers Tell philosophiert: »Der Starke ist am mächtigsten allein«, dann wollte er eigentlich damit sagen: »Solo fightet sich's am besten.« Aber so locker vom Hocker haben's die Jungs halt nicht gebracht, damals. Nicht Herr Schiller und nicht Herr Tell.

Kein Wunder also, daß die Nachfahren im ausgehenden 20. Jahrhundert so ihre Probleme mit den Klassikern haben. Eine Form von Sprachbarriere also, die Lesen mühsam macht.

Welcher Newcomer ahnt denn schon, daß es bei den Storys meistens um irgendwelche Beziehungskisten geht oder darum, daß Einzelne oder ganze Volksgruppen total eingemacht werden sollen. Um spannende Geschichten also.

Und welcher Eingeweihte weiß noch so genau, wie die Sache mit Faust und Gretchen eigentlich lief und in welchem Clinch Antigone nun genau mit König Kreon lag. Das hat einen damals doch ganz schön angeödet.

Natürlich, der gebildete Kultur-Freak kennt seinen Nathan und seinen Hamlet en détail. Aber hat er sich schon mal überlegt, was die Dichter des Sturm und Drang ihren Hammy und ihren Nathi sagen lassen würden, wenn sie heute Stürmer und Dränger wären und die Jugendsprache statt der Hochsprache benutzen würden? »Ziemlich blutige Chose. Jetzt rutsch ich vom Schlitten. Das war's. Der Rest ist wohl Schweigen«, würde Hammy sagen, und Nathi: »Der Gag von der Story ist, daß man nur an der Action erkennen kann, wer den Klunker mit der Power erwischt hat.«

Hier sollen sie es ruhig so sagen dürfen, aber sie sollen es auch in ihrem gewohnten Milieu sagen dürfen. Lassen wir sie die Heutigen im Damals sein. Denn nicht nur die Jugendsprache, auch die Sprache des 18. und 19. Jahrhunderts hat ihren Reiz und ihre Ausstrahlung von Zeitgeist.

Lassen wir sie also aufeinander los, diese beiden Welten. Machen wir aus der bockstarken Message der ehrenwerten Klassiker: bockstarke Klassiker.

Newcomer sollten das Original erst nach der Fälschung lesen, damit der übliche Lektüre-Frust erst gar nicht aufkommt.

Leidgeprüfte Ehemalige sollten ihren Frust ganz schnell vergessen und Lust an den alten Geschichten mit neuem Drive bekommen.

Und die absoluten Klassiker-Fans sollten nicht gleich total hohl drehen, nur weil der gute alte Wilhelm Tell Null Bock auf Hüte hat.

Also dann: Kopfsprung ins Vergnügen.

TAP!
TAP!

JOHANN WOLFGANG GOETHE

Faust

Der Tragödie erster Teil

Der Herr

Mephisto

Valentin

Gretchen

Frau Marthe

Siebel, Brander, Altmayer, Frosch

Die Personen der Handlung

Der Herr	der Big Boss.
Dr. Faust	ein Hirni, der so total auf Infos steht, daß ihm die Birne schon überschwappt und er fast ausrastet. Trotzdem ist er irre gefrustet, weil er nicht den absoluten Durchblick hat.
Mephisto	so ein Guru aus der Unterwelt, der zwar einen richtigen Body hat, trotzdem aber kein echter Typ ist. Ein absolut mieses Charakterschwein.
Gretchen	ein tierischer Teeny, der noch nie eine Nummer geschoben hat. Sie fährt ungeheuer auf Faust ab, als er ihr das erste Mal über den Weg schlappt.
Frau Martha	irgend ne Solo-Tante aus der Nachbarschaft, deren Alter schon vor ein paar Jahren übern Jordan ist.
Valentin	Gretchens Bruder, wohl ein ziemlicher Macho, der als Soldat auf Achse ist. Er taucht nur einmal auf, dann ist er aber auch gleich weg vom Fenster.
Siebel **Brander** **Altmayer** **Frosch**	eine Tüte voll Schlaffis, die in der Kneipe »Auerbachs Keller« rumhängen und schon ziemlich breit sind.

Prolog im Himmel

Der Herr: Mensch, Mephi, das nervt mich ungeheuer, daß Du immer nur rummotzt!

Im Himmel sind zu sinnierend Red' vereint der Herr und Mephistopheles, der Böse, der unzufrieden mit dem Umstand ist, daß Gott dem Menschen gab Vernunft.

Mephisto: Echt ätzende Chose! Versaut doch total jede geile Action.

Da faßt Mephisto einen Plan. Den Doktor Faustus, den studierten Mann, der gerade nach dem rechten Lebensweg noch sucht, will er vom Pfade der Vernunft abbringen und hinführen in sein eigen teuflisch Reich.

Mephisto: Wetten, daß ich Dir den Doc abluchse, Big Boss?

Der Herr geht auf die Wette ein. Solange Faust auf Erden lebt, darf Mephisto sein Glück an ihm versuchen. Im Tode aber will der Herr den Faust zu sich ins Reich hinnehmen.

Der Herr: Ist gebongt, Mephi, leg Dich ruhig ins Zeug. Aber sobald der Doc vom Schlitten rutscht, hast Du bei ihm nix mehr zu melden. Dann bin ich am Drücker!

So ward die Wett' geschlossen.

*

In dunkler Nacht sitzt Faust in seinem Zimmer. Ihm ist der Kopf vom Grübeln schwer. Des Lebens Sinn und Zweck will er erforschen. Doch kann es ihm gelingen nicht, trotz seiner vielen Studien.

Faust: Sämtliche ätzenden Infos hab ich mir reingepfiffen. Und was ist Sache? Ich häng in der Landschaft wie ein Hirni und blick's genauso bescheiden wie vorher!

Um zu erkennen, was die Welt im innersten zusammenhält, tat der Magie er sich ergeben. Doch als er dort selbst keine Lösung seiner Fragen find', er greifen will zum Letzten. Ein Fläschlein Gift grüßt vom Regale hoch hinab zu ihm.

Faust: Null Bock auf Future!
Ich glaub, ich geb den Löffel freiwillig ab. Her mit dem Stoff und ab in die Kiste. Ex und hopp!

Doch eh' es naht der Mund der gift'gen Schale sich, setzt ein gewaltig Tösen an: des Osterfestes erste Feier-

stunde beginnt mit Glockenschlägen und hält den Faust von seiner Tat zurück.

Faust: Echt geile Nummer, kerniger Sound.
Das törnt ja wahnsinnig an! Ich glaub, ich mach doch noch ein paar Takte länger mit.

Gerettet ist der verzweifelt' Mann vorerst.

Am Ostermorgen tritt er vor das Tor der Stadt, wo's Volk den Frühling feiert mit Tanz und Sang und Lachen.

Faust: Die Peoples hier sind ja brutal gut drauf heute, und die Vibs springen total rüber.

Doch, obwohl ihm wird das Herze weit und Lebensfreude will ihn greifen, ist noch der nächtlich Geist in ihm, der ihn nicht läßt. Zwei Seelen spürt er ach in seiner Brust: Verzweiflung und auch Freude.

Faust: Ich hab ein Feeling wie der letzte Schizo drauf.

Als er den Schritt nach Hause lenkt, folgt ihm ein Pudel von dem Feld bis in die dunkle Stube. Erst achtet er ihn kaum und sitzt gebeugt am Tisch. Die Leichtigkeit des Tags verflog, kein Freude will mehr aus dem Busen quellen.
Zudem das Tier noch unruhig wird — das Denken tut's ihm stören.

Faust: Schnauze, Du abgefuckte Mist-Töle, jetzt nerv mich nicht auch noch! Dein Gekläff geht mir irre auf die Eier!

Da plötzlich wird der Hund zum Mann in einem großen Krach und Nebel. Mephisto tritt auf Faust hinzu, er war des Pudels Kern.

Faust: Das Überraschungs-Ei! Was bist Du denn für ein tierischer Popper?
Mephisto: Ich bin die absolut ätzende Negativ-Power. Ich verschaff Dir nen echt pompösen Trip, wenn Du Bock drauf hast. Affengeile Action, sag ich Dir, und tierisch gut gegen Deine Depressis!
Faust: Und was für ne Löhnung willste dafür einstreichen?

Mephisto will sich hier auf Erden ganz in den Dienst des Faust begeben. Dafür erhebt er Anspruch auf den Faust, wenn dieser schließt das Aug' auf ewig — sie sich im Jenseits wiederfinden.

Faust: Alles im Lot auf dem Riverboot.
Mephisto: Das will ich schriftlich.
Faust: Haste ein Formular mitgebracht?
Mephisto: Nee, muß ich noch schreiben. Mit Deiner roten Soße. Komm, ich schlitz Dich mal kurz.

Drauf ward das Bündnis mit ein Tröpflein Blut aus Faustens Arm besiegelt.

Faust: Alles paletti. Und was ist jetzt angesagt?
Mephisto: Jetzt klinken wir uns hier erstmal aus, Doc.

Drauf breitet er den Mantel aus, und beide fahren in die Lüfte.
Erst fahr'n sie in ein Wirtshaus ein, wo eine Handvoll rauh' Gesellen zecht und machet ein Gelage.

Siebel: Der Arsch war bemoost, prost!
Brander: Total miese Stimmung in diesem Wichs-Laden!
Altmayer: Heute lassen wir mal die Sau raus!

Frosch: Rülps!

Als Faust samt seinem Diener kommt, fängt dieser an, das Volk zu unterhalten. Mephisto bohrt gar Löcher in das Holz des Tisches und fragt ein jeden, welcher Wein ihm schmeckt am besten.

Siebel: *Chianti!*
Brander: *Beaujolais!*
Altmayer: *Bauerntrunk!*
Frosch: *Äppelwoi!*

Und schon quillt Wein aus jedem Loch mit Macht hervor und ist kaum mehr zu bremsen.
Doch Freude schlägt in Zorn schnell um und läßt's Geblüte wallen, als Mephisto statt Wein läßt Feuer nun dem löchrig Tisch entsteigen.
Die Männer fühlen sich genarrt und wollen böse werden.

Siebel: Ich glaub, mein Hamster bohnert!
Brander: Riesensauerei!
Altmayer: Du hast wohl ein Ei am Wandern!
Frosch: Verpiß Dich, Du Schleimer!

Da heben sich hinfort gar schnell Mephisto und der Faustus in eine Hexenküche.
Die ist gefüllt mit Rauch und Nebelschwaden. Viel seltsam Tier kreischt, faucht und jault. Es ist wie Höllen-Ahnen.

Faust: Das hälste ja im Kopp nich aus! Werner Herzog dreht schon wieder nen Film. Fehlt nur noch Klaus Kinski!

Da fällt dem Faust der Blick in einen Spiegel, worin er sieht ein wonnigliches Angesicht. Und um ihn ist's geschehen.

Faust: Echt irre scharfer Teeny. Ich flipp total weg!

Mit Macht drängt's ihn zum Weibe hin.

Faust: Die muß ich legen, oder ich raste aus!

Mephisto drauf der Hexe sagt, dem Faust ein Tränklein anzurühren, daß er ein Jüngling wird und schön.

Die Hexe tut wie ihr geheißen, und Faust trinkt gleich den Zaubertrank.

Man ist zurück im Städtchen nun, wo Faustus auf der Straße schreitet. Da kommt gerade von der Beichte her das Gretchen ihm entgegen. Tief in das Herz fährt ihm ein wonnig süßer Schauer.

Faust: Das ist ja der heiße Ofen!

Arm und Geleit will er antragen ihr.

Faust: Du, ich finde Dich bockstark! Haste was dagegen, wenn ich neben Dir herschlappe?
Gretchen: Willste mich verarschen, oder was? Zisch ab!
Faust: Das ist ja echt irre frustend!

Doch Mephistopheles soll nun zu Diensten stehen, g'schwind ihm das Herz der Grete öffnen.

*

Mephisto schleicht sich ein bei Marthe, einer Nachbarin, zugleich Vertraute wohl der Grete, und tut ihr eine schrecklich' Nachricht kund.

Mephisto: Dein Alter ist hops gegangen!

Als diese nun Genaures wissen möcht', fragt er um ein geheimes Treffen, zu dem auch Grete kommen soll.

Marthe: Geht paletti.

Im abendlichen Garten nun bringt Marthe wohl die Grete mit. Und der Mephisto Faust. Die Grete kennt den Faust nun wieder, und kaum verbergen kann sie ihre Freude.

Gretchen: Du, irgendwie heb ich total ab, so ein bärenstarkes Feeling hab ich noch nie gehabt!

Faust: Ich flipp auch völlig weg, weil ich so brutal happy bin.

Ein neues Treffen wird vereinbart, und Faust beschwört die Grete, ihr sittsam Haltung aufzugeben.

*

Der Mutter bringt die Grete einen Saft zum Schlafen, drauf schlüpft der Faust in ihre Kammer.

Faust: Zur Sache, Schätzchen! Mutti hat ihr Valium geschlabbert.

Davon erfährt der Bruder Gretens, Valentin, als der nach Hause kommt vom Dienste im Soldatenrock.

Valentin: Die alte Nutte! Jetzt pennt die wohl mit jedem, was? Die kannste ja echt nur noch in ner Peep-Show verheizen!

Auf einer nächtlich Straße trifft Valentin auf Faust und auch Mephisto, die auf dem Weg zur Grete sind. Der Bruder greift den Faustus an, doch von Mephistos böser Kraft gelenkt sticht er dem Valentin den Stahl wohl in die warmen Därme.

Mephisto: Der Bundi ist hinüber, Doc!

Und Gretchen trägt ein Kind im Leib.

*

Doch Faust ward von dem Bösen fortgeführt, zerstreuen will der seine Sinne. 'S ist Hexensabbat der Walpurgisnacht wohl auf dem Blocksberg droben.
Das Gretchen ward vergessen erst. Doch dann, im wüsten Treiben, sieht Faust das Bild der Grete, erinnert sich und will zurück, sich von dem Bösen sondern.

Faust: Laß endlich deine dämlichen Wichs-Griffel von mir, Du bist ja schlimmer als'n Animateur im Robinson-Club.
Mephisto: Zieh keine Schau ab, Doc. Du hast die ganze Story doch selber angepfiffen.
Faust: Dann beam' mich jetzt wenigstens sofort zu dem Zahn rüber!
Mephisto: Okay.

Im finst'ren Kerker derweilen darbt das Gretchen ganz verlassen. Verlieren tat sie den Verstand, starb doch die Mutter als sie trank den Schlaftrunk jener Nacht, als Faust sich in die Kammer von dem Gretchen schlich. Der Bruder fiel durch Faustens Hand, und Gretchen selbst tat's neugeborne Kind ertränken. Als Faust nun kommt, die Liebe zu befrei'n aus ihrem Kerker . . .

Faust: Los komm, wir machen die Flatter.
Gretchen: Ich hab absolut Null Power mehr und find Dich und diesen Horror-Typ echt ätzend!

. . . kann sie ihm folgen nicht. Dem Bösen will sie widerstehen nun. Sie fleht zum Herrn im Himmel und wird erhört.

Der Herr: Für Dich geht alles paletti, Grit, Du hast es echt total gut gebracht. Du kannst zu mir hochgedüst kommen.

Mephisto aber reißt den Faust davon.

Mephisto: Komm, Doc! Wir dürfen jetzt nicht abschlaffen. Schließlich hat der Johnny Goethe sich noch nen zweiten Teil aus dem Hirn geschleudert.
Faust: Den zieh'n wir uns jetzt aber solo rein.
Mephisto: Logo, dieser alte Gierlappen von Leser geht mir die ganze Zeit schon höllisch auf die Eier! Soll der seinen Gesichtserker doch in die Story von andern Peoples reinstecken. Ciao!

FRIEDRICH SCHILLER

Wilhelm Tell

Ein Schauspiel

Hermann Geßler

Werni

Walter

Frießhart, Leuthold

Baumgarten

Die Personen der Handlung

Wilhelm Tell	ein saustarker Super-Freak aus Uri, blickt voll durch, hat ne wahnsinns Power drauf und bringt echt gute Sprüche.
Hermann Geßler	Reichsvogt in Schwyz und Uri, ein abartig brutaler Obermacker. Er ist auf nem totalen Macht-Trip, quetscht die Knete aus den Peoples und läßt sie eintüten, sobald die nur die Freßleiste aufmachen.
Walter	der Sproß vom Tell, echt cooler Typ, obwohl er noch ein absoluter Sandkastenrocker ist. Zieht mit seinem Alten eine tierische Show ab.
Werni	ein Fischer-Azubi, der total schnell die Muffe kriegt.
Melchtal	ein Typ aus Unterwalden.
Stauffacher	ein Typ aus Schwyz.
Walter Fürst	ein Typ aus Uri.
Baumgarten	auch ein Typ aus Unterwalden. Er hat einem Untermacker des Kaisers dermaßen eine über die Rübe gezogen, daß der vom Schlitten gerutscht ist.
Frießhart **Leuthold**	Söldner vom Geßler, also bezahlte Ballermänner.

1. AUFZUG

Still liegt das hohe Felsenufer des Vierwaldstättersees im milden Abendglanze. Friedlich grast das Vieh der Hirten und der Senne. Ein Fischerknabe fährt in seinem Kahn auf sanfter Welle hin. Vom andren Ufer grüßt Schwyz mit grünen Matten, saub'ren Dörfern, prächt'gen Höfen her.
Doch plötzlich naht ein Unheil. (Donnerschlag)
Ein Unwetter bricht herein, und mit ihm naht geschwinde ein Mann, der einen Vogt des Kaisers hat erschlagen und nun den Häschern zu entfliehen sucht.

Baumgarten: Meine Fresse, das ist ja wohl der absolute Horror! *(Zum Fischerknaben:)* Hey, Du Freak, schaukel mich mal über die Pfütze rüber, aber mit ordentlich Speed, wenn das Dein abgeschlaffter Eimer noch schafft.

Werni: Du hast wohl'n totalen Föhn, was? Bei dem Wetter ziehst Du bei mir Null Fisch.
Baumgarten: Mensch mim' hier nicht den Klaren, ich muß echt schnell die Flatter machen!
Werni: Keinen Bock.
Baumgarten: Na, dann ist die Kiste wohl für mich gelaufen. No future!

Doch als der arme Mann sein Leben schon verloren wähnt, kommt Wilhelm Tell des Wegs einhergeschritten . .

Tell: Hey, Fans!

. . . macht sich der Lage kundig und hilft dem hoffnungslosen Manne zum andren Ufer, das ihn retten soll. Kaum, daß die Männer sind entkommen auf dem tosend See, da sprengen schon des Landvogts Reiter rasch herbei. Gar schrecklich nehm' die Mannen Rache an der Hirten Vieh und Haus.
Der Fischerknabe aber ringt verzweifelt nun die Hände:

Werni: Das ist ja wohl ne echt beknackte Chose. Entweder läuft jetzt bald ne wahnsinns dicke Story oder uns haut's hier alle kompletto vom Schlitten!

Das Land der Schweizer ist gar schwer gebeuget von Übermut und Tyrannis der edlen Herren. Das graus'ge Ziel der Vögte ist's, gar jedes freiheitliche Sinnen im Keime zu ersticken. Zwingburgen lassen sie errichten, das Volk muß Frondienst tun, und in Altdorf — einem Flecken — soll es gar einen Hut auf einer Stange geben, dem muß das Volk an Kaisers Statt mit bloßem Haupte und gebognem Knie die Reverenz erweisen.

Volk: Das is ja wohl der totale Hammer!
Wohl bescheuert, diese Peoples!
Null Bock auf Hüte!

Doch im Volke schwelt bereits ein Funke der Empörung, und manchem wack'ren Mann steht drauf der Geist, die Hand zu heben gegen jene ungeliebten graus'gen Herren.

Mann aus dem Volk: Mal ordentlich ans Bein fahren müßte man diesen Obermackern! Denen ein volles Pfund reinhauen, würde mich wahnsinnig antörnen!

Doch noch ist es nicht an der Zeit. Denn größer werden muß der Bund.

2. Aufzug

Des Nachts auf einer Wiese, umringt von hohem Fels und finstrem Wald, trifft sich der Bund der zorn'gen Schweizer Stämme. Es sind die Abgesandten wohl von Uri, Schwyz und Unterwalden, die sich am Rütli finden.

Melchtal: Affengeile Dekoration hier, was?
Stauffacher: Jetzt sollten wir mal ganz locker die Kiste mit unserem Schwur researchen, oder?
Walter Fürst: Mensch, ich kann dieses Revoluzzer-Gelaber nicht mehr ab! Ihr hättet mal lieber vorher ne Message rüberjubeln sollen, daß die Dünung hier hochalpin ist. Da pfeifste ja auf'm letzten Loch!
Melchtal: Mensch, Du gehst mir ungeheur auf den Geist mit deinem Gemotze.
Stauffacher: Haste vielleicht mal ne andere Speech drauf, sonst kannste Dich ja abseilen, Du Spargel-Tarzan!
Melchtal: Mensch, scheiß doch die Wand an!

Sie stehen treu zu ihrem Kaiser, doch sind sie nicht gesonnen, vom Reich zu trennen sich und sich der Hoheit Österreichs anzuvertrauen, wie es das Ziel der Politik der Vögte ist.
Sie schreiben Widerstand auf ihre Fahnen.
Am Rütli droben reicht man sich einig und bereit die Hand zum Bunde.

Malchtal: Ich flipp gleich aus. Saustarkes Feeling!
Stauffacher: Wenn diese Kings meinen, die hätten uns eingemacht, haben die sich aber ganz schön geschnitten!
Walter Fürst: Wir lassen jetzt voll die Solidarität raushängen.
Baumgarten: Na, dann ist ja jetzt alles paletti. Hat mal einer ne Fluppe?
Stauffacher: Quatscht nicht rum, Ihr Hirnis! Wir müssen uns schleunigst verpissen. Die rote Mattscheibe geht schon auf Tournee, und ich hab absolut Null Bock, von sonem Sackgesicht von Landvogt gegriffelt zu werden.

3. Aufzug

Einer hat gefehlt beim Schwure auf dem Rütli. Es ist der Tell, der wack're Mann von Uri. Tell ist kein Mann des Rates, sagte er selber, er ist ein Mann der Tat . . .

Tell: Auf die Dauer hilft nur Power.

. . . und huldigt drum dem Grundsatz »Der Starke ist am mächtigsten allein.«

Tell: Solo fightet sich's echt bockstark!

Als Tell sich nun von seinem trauten Weibe zu seinem

greisen Vater aufmacht hin gen Altdorf, nimmt er den jüngsten Knaben mit, den Walter, der ihm viel Freude macht als Kind.
Als sie des Weges kurz vor Altdorf wollen schreiten, da steht auf einer Wiese grün der Hut wohl auf der Stange. Und Wächter wachen drum, daß auch ein jeder grüße. Doch Tell geht ruhigen Fußes mitsamt dem Knaben an dem Hut vorbei. Die vorgeschrieb'ne Huld'gung läßt er ungeschehn. Drauf greifen ihn die Wächter, ein Feind des Kaisers wird er nun genannt.

Frießhart: Du bist wohl nicht ganz dicht, was?
Leuthold: Jetzt kommste in den Knast, Willi!
Frießhart: Für Dich ist die Story gelaufen.

Landleute eilen flugs herbei und wollen Tell befreien, doch schon naht auch der Landvogt Geßler selbst, auf hohem Rosse, den Falken in der Faust.
Als Strafe für den Ungehorsam fordert er von Tell, daß er den Apfel von des Knaben Kopfe schieße.

Geßler: Wenn Du ihm den Apfel von der Birne pustest, haste gewonnen Junge!

Tell: Das ist ja wohl die totale Härte.
Geßler: Mach keine Zicken, sonst geht Ihr beide gleich hops. Kapiert? Hier haste das Gemüse! (Rupft Apfel vom Baum)
Tell: Ich hab ne wahnsinns Muffe, daß der Sproß übern Jordan geht.
Geßler: Jetzt zieh keine Show ab, lass knacken!
Walter: Na leg schon los, Papi! Ich bin total cool.

Nach ein'gem Zaudern faßt sich der Tell ein Herz und schießt — und teilt den Apfel in der Mitten.

Volk: Da schnallste echt ab!
Der hatte absolut Null Flattermann!
Geßler: Bockstark!

Drauf fragt der Landvogt Tell, zu welchem Zwecke er wohl den zweiten Pfeil in seinem Köcher hegt.

Tell: Den hätte ich Dir in Deinen Luxus-Body gejubelt, Alter. Ist doch wohl logo, oder?

Worauf nun Geßler Tell ergreifen und außer Landes bringen läßt, um ihn in ew'ge Kerkerhaft zu werfen. Das Schicksal aber will es anders.

4. Aufzug

Das Herrenschiff von Uri, das den Landvogt und den gebund'nen Tell nach Küßnacht bringen soll zur Strafe, gerät in heft'gen Sturm und grausig Wetter.

Geßler: Das hältste ja im Bauch nicht aus!
Tell: Der Typ geht mir tierisch auf den Keks!

Zur Rettung weiß der Landvogt keinen bess'ren Rat, als Tell von seinem Strick zu lösen und ihm das Steuer zu vertrauen. Der kluge Tell ergreift die Gelegenheit beim Schopfe und springt an einer gewalt'gen Felsennas' vom Boot und an das rettend Ufer, von wo er gleich nach Küßnacht eilen will, dem Geßler aufzulauern.

Tell: Den Arsch mit Ohren cash ich mir!

In einer hohlen Gasse harrt er des Landvogts Nah'n. Bisher zwar war sein Sinnen rein von jedem Morden, doch Geßler tat mit seiner Grausamkeit die Milch der frommen Denkungsart in gärend' Drachengift verwandeln.

Tell: Durch diese abgenudelte Gasse muß der Typ gleich angelatscht kommen.

Und als der Landvogt naht, fortwährend Gift und Galle sprühend . . .

Geßler: Diese Peoples sind echt ätzend! Alles einlochen! Rüben runter.

. . . schießt Tell dem widerwärtigen Tyrannen sein' letzten Pfeil wohl in die Brust hinein. Vom Pfeil durchbohrt, fährt mit der Hand der sich zum Herzen und will hinsinken tief.

Geßler: Die Ladung hat Willi mir verpaßt, das alte Miststück! Jetzt ist bei mir wohl total tote Hose.

Im Todesanblick weiß der Vogt die Wahrheit seines Todes und schließt das Aug' auf ewig.

5. AUFZUG

Die Tat des Tell hat einen Anstoß nun gegeben. Der offne Ausbruch der Empörung ergreift das ganze Land. Allüberall drauf fallen Burgen und Tyrannenschlösser, und herrlich ist erfüllt, was auf dem Rütli ward geschworen.

Volk: Saustarker Typ, der Willi!
Astreine Action!
Willi for President!
Macht ein Faß auf!
Einer: Die nerven mich echt mit ihrem total beknackten Gequatsche. Und von Freddy Schiller labert wieder keine Sau. Schließlich könnten die doch kompletto einpacken, wenn der nicht diese affengeile Story aufs Papier gehustet hätte.

HEINRICH VON KLEIST

Der zerbrochene Krug

Ein Lustspiel

Walter

Adam

Frau Brigitte

Veith

Eve

Licht

Marthe

Ruprecht

DIE PERSONEN DER HANDLUNG

Walter	ein Gerichtsrat aus der City, vor dem alle einen Wahnsinns-Schiß haben, weil der ein absolut scharfer Kontroletti sein soll.
Adam	der Dorfrichter, ein ziemlich abgeschlaffter Typ, der Null Haar auf der Rübe hat, dafür aber einen granatenmäßigen Klumpfuß am Bein, und mehr auf Fressalien und Stoff abfährt als auf seinen Job.
Licht	der Gerichtsschreiber von Adam, der den Laden seit neun Jahren schmeißt und scharf auf Adams Job ist.
Marthe	eine Dorf-Mutti, die immer völlig wegflippt, wenn sie irgendwo ne linke Tour wittert.
Eve	die Tochter von Marthe, ein scharfer Zahn, der ne dicke Beziehungskiste mit Ruprecht laufen hat.
Veit	ein Bauer, der im Stück eigentlich nicht so richtig zum Zuge kommt und wahrscheinlich nur mitmacht, weil Ruprecht sein Sohn ist.
Ruprecht	ein junger Typ, der total in Eve verknallt war, im Augenblick aber völlig frustriert ist und ungeheuer schnell ausrastet.
Frau Brigitte	die Tante vom Ruprecht, schon ein etwas angerostetes Modell, das seinen Riechkolben überall reinhängen muß, aber beim kleinsten Furz die Hosen gestrichen voll hat.

Ansonsten: Mägde, Knechte etc. pipapo

Licht: Was bietest Du denn für ne Optik heute? Dich ha'm se wohl im Schonwaschgang geschleudert, was?

. . . dies sagt an einem lieblichen Morgen in einem Dorf bei Utrecht der Schreiber Licht zu seinem Richter Adam. In der Gerichtsstub' tuen beide sich befinden, und Adam ist gar schändlich zugerichtet. Zerschlagen und zerkratzt ist sein Gesicht, sein richterliches Haupt von Blut verschmiert.

Licht: Kannste mir mal vielleicht verklaren, was Du heute nacht für'n Bock gebaut hast?
Adam: Quatsch, Bock gebaut! Als ich heute morgen aus der Poofe gestiegen bin, bin ich voll auf die Fresse gedonnert und mit der Rübe gleich noch gegen die Heizung geknallt.

Der Richter Adam scheint noch sehr benommen und seltsam wirr in seinem Kopf zu sein. Doch Licht, der Schreiber, war gekommen, zu sagen ihm, daß hoher Besuch aus Utrecht ward gemeldet. Der Herr Gerichtsrat Walter befind' sich auf der Reise durch die Ämter, und er ist ein pedantisch' Kontrolleur.

Adam: Ach, Du schöne Scheiße, das darf doch wohl nicht wahr sein.
Licht: Und in einem Kaff hier in der Nähe hat er schon den Judge gefeuert, weil der keine astreine Arbeit abgeliefert hat. Der Typ baumelt jetzt irgendwo steif wie'n Brett auf'm Dachboden rum.
Adam: Ach Du dickes Ei!

Drauf bittet Adam seinen Schreiber Licht, ihm beizustehen, und seine Ambitionen, selbst Richter einst zu werden, hintanzustellen. Schon wird die nahe Ankunft Walters jetzt vermeldet, was Adam sehr erschröckt. Kaum findet er ins Kleid hinein und heißt die Magd, die Perücke ihm zu holen schnell. Doch das gepudert Haar ist nirgends aufzufinden.

Magd: Das Ding ist futsch!

Adam: Jetzt krieg ich den totalen Föhn!
Magd: Gestern Nacht, als Du nach Hause geschlappt kamst, hast Du doch das Schiebedach gar nicht mehr draufgehabt.
Adam: Quatsch keinen Scheiß, Du Hirni!
Dem Richter Adam scheint die Sache Pein zu bereiten. Ausflüchte sucht er, was mit der Perücke war geschehen. Doch Zeit bleibt kaum, denn schon kömmt der Gerichtsrat Walter.

Walter: Tachchen, Jungs!
Adam: Hey!
Licht: Hallo!
Walter: Na, dann legt mal los mit Eurer Action, Peoples. Ich will mal blicken, was hier so Sache ist.

Heut ist Gerichtstag, doch der Richter Adam sucht zu verzögern das Geschäft. Ein Frühstück und ein Glas vom Weine bietet er dem hohen Herrn.

Adam: Hättest Du nicht Bock auf ein echt affengeiles

Müsli oder ne Tasse Stoff aus garantiert biologischem Anbau?

Der Gerichtsrat Walter aber möcht' beginnen, und Ungeduld ergreift sein' Sinn.

Walter: Mensch, jetzt laß doch mal endlich knacken, Du Freak! Du machst mich ja ganz rammdösig mit Deinem dämlichen Gequatsche.

Die Kläger und Beklagten, die ungeduldig warten schon im Vorraum, drauf werden eingelassen. Es sind Frau Marthe, ihre Tochter Eve, der Bauer Veit und Ruprecht, dessen Sohn, die schimpfend in die Gerichtsstub' strömen. Frau Marthe sagt, der Ruprecht habe einen Krug zerbrochen, der auf dem Fensterbrett im Zimmer ihrer Tochter hat gestanden.

Marthe: Rupi, Du alter Brutalo! Für den Krug mußt Du latzen, das sag ich Dir. Der war schließlich nicht aus dem Sommer-Schlußverkauf!
Veit: Reg Dich ab, Marthe, wir werden die Chose hier von der Basis her researchen.
Ruprecht: Der alte Giftzahn rotiert wohl nicht wegen dem abgeschlafften Eimer, sondern wegen meiner Beziehungskiste mit Eve. Die kann sie sich aber eh abschminken. Mit mir ist bei dem Teeny da oben in der Bude nix gelaufen. Möcht nur mal wissen, welcher Schleimer seine Wichsgriffel an der Frau hatte?

Eve will den Liebsten herzlich bitten, doch der ist ihr aufs tiefste gram.

Ruprecht: Verpiß Dich!

Da nimmt der Richter Adam die Eve geschwind beiseite, versucht mit einem Papierstück, das seine Tasche birgt, ihr Angst zu machen. Derweil der Gerichtsrat langsam kommt in Rage, daß Adam die Verhandlung nicht vollzieht. Derselbe sich zwar weiter windet, dann aber doch mit dem Gericht beginnt.

Marthe: Der Depp hat meinen Krug zerdeppert!
Ruprecht: Erstunken und erlogen! Ich glaub, ich bin im Bundestag!
Marthe: Ich wollte mich gestern abend gerade zum Knacken in die Poofe knallen, da hör ich einen Krach aus der Bude von der Eve rausdröhnen, daß es mir fast den Begrenzer raushaut. Und als ich hochgestiefelt komm', steht dieser miese Typ von Rupi da oben in der Landschaft rum, die ausgeflippte Eve daneben und der Krug ist Sperrmüll. Naja, da dürfte ja wohl klar sein, was da für'n Film gelaufen ist.

Der Richter scheint beglückt und will den Ruprecht strafen gleich. Doch der Gerichtsrat mahnt ihn, auch den Beklagten selber noch zu hören.

Ruprecht: Alles Lüge! Als ich gestern abend noch zu ner Kurz-Quatsche zur Eve rüberhechel, hör ich die saubre Dame erst mit nem Typ rumlabern und seh die zwei dann in ihrem Appartement verschwinden. Ich nix wie hinterher! Und wie ich eben die Zimmertür zerlegt hab, daß Obelix vor Neid ganz dünn geworden wär, seh ich nur noch so nen Arsch zum Fenster rausjetten und den abgefuckten Krug hops gehn. Aber wenigstens hab ich dem Fettsack die Türklinke ordentlich über die Rübe gezogen.
Adam: Haste ne Ahnung, wer die Type war?
Ruprecht: Ich tippe auf den Schuster, die alte Drecksau. Der pfeift sich auch immer die Video-Pornos rein.

Der Adam ist erfreut, möcht' nun den Schuster strafen. Doch wiederum will der Gerichtsrat Walter noch weiter nachgeforschet haben. Die Eve ist an der Reihe nun.

Eve: Rupi, Du bist ja ganz schön beknackt! Hättest Du denen vorgelabert, daß Du den Bruch gemacht hättest, dann wären wir jetzt den ganzen Kiki los.
Ruprecht: Na, dann kotz Dich mal aus, Puppe!
Eve: Meine Fresse, Ihr bringt mich echt in den absoluten Streß, Leute!

Der Eve sind die Lippen fest verschlossen. Dem Richter aber sagt sie, daß er besser wissen müsse, wer der sei, der den Krug zerbrach. Die Sache scheint verfahren. Da fällt der Marthe ein, daß es noch einen weit'ren Zeugen gibt. Die Frau Brigitte, die des Ruprecht Muhme ist, die Schwester seines Vaters.

Marthe: Die hat das Gekeife gestern nacht original mitgekriegt, als sie vonner Sause heimgeschlurft kam.
Walter: Na, dann karrt Tantchen mal ran!

So ward getan. Derweil der Richter Adam den Gerichtsrat versucht, mit Speis und Trank zu besänft'gen, was nicht gelingen mag. Vielmehr fragt der den Richter, wo seine Perücke ist verblieben.
Adam: Abartige Story, sag ich Dir. Fleze ich mich doch gestern abend noch so auf dem Sofa rum und zieh mir nen Comic rein. Und weil das so ne echt ätzende Story war, knall ich mich voll an die Kerze ran und — wusch — seh ich aus wie ein Weihnachtsbaum am Heiligen Abend.

Als Frau Brigitte dann betritt den Saal, trägt diese in der Hand eine weißgepuderte Perücke.

Brigitte: Dieser Wedel hier baumelte eben an dem Klettergemüse, das da unter dem Fenster von der Eve rumrankt.
Adam: Ich glaub', mir fliegt das Blech weg! Mein Ersatz-Toupet! Das sollte der Rupi doch zum Renovieren nach Utrecht bringen, ein paar lila Strähnen reinmachen lassen.
Ruprecht: Das Gerät hab ich dem Alt-Punki längst wieder abgeliefert!

Nun soll die Muhme Britt berichten.

Brigitte: Wie ich da gestern abend so durch die Pampa schleiche, kommt da so ein stinkiger Macker mit nem Affenzahn angehumpelt und düst mir wie der absolute Schizzo an der Figur vorbei.

Der Teufel selbst, glaubt sie, sei es gewesen. Fand sich doch eine Spur mit Pferdefuß im Schnee.

Brigitte: Ich dachte, mir rast der Blocker: diese Latsch-Stempel gingen genau ins Haus vom Judge rein.

Dem Gerichtsrat war wohl aufgefallen, daß dem Richter Adam einer seiner Füße zu einem Klumpen dick verwachsen war. Doch schweigt er weiter stille. Dann, als der Richter Adam den Ruprecht als den wahren Täter nennt und strafen will ...

Adam: Ab in die Kiste, Rupi!

... hält Eve es nicht länger.

Eve: Der Adam war die Sau, der hat mich abartig gelinkt!

Geschwiegen hatte sie, weil Adam ihr versprach, den Ruprecht vor dem Militärdienst im Osten Indiens zu bewahren. Doch Dienst und Schreiben waren eine Finte nur, erdacht, um sich die Gunst der Maid in ihrer Kammer droben zu erschleichen.

Ruprecht: Dich mach' ich kalt, Du angeschimmelter Lustmolch!

Er will den Richter packen, doch dieser kann entfliehen und ward nicht mehr gesehen.
Gerichtsrat Walter macht den Schreiber drauf zum Richter. Und Pfingsten soll die Hocheit von Eve und Ruprecht sein.
Eve: Meine Fresse, war das nervig.
Ruprecht: Traue keinem über 30.
Eve: Sie wollen alle Dein Bestes, aber das kriegen sie nicht.
Veit: Na, dann ist ja wohl alles klar auf der Andrea Doria!

SOPHOKLES

Antigone

Eine Tragödie

KREON

Eurydike

Teiresias

Haimon

Ismene

Die Personen der Handlung

Antigone	sproß von Ödipus, dem ehemaligen Oberhäuptling von Theben, der aus Versehen seine eigene Mutter gelegt hat. (Als er das checkte, flippte der so aus, daß er sich selber die Glotz-Geräte in die Denkmasse drückte.) Die Frau hat ne echt gute Message drauf und zieht ihre Action total cool durch. Das Gelabere von den Obergurus beeindruckt die wie'n angebissener Big Mac von gestern.
Ismene	Schwesterherz von der Antigone. Ne ziemlich feige Spinatwachtel, die sich gleich ausklinkt, wenn's mal zur Sache geht.
Kreon	neuer Häuptling von Theben, ein echt ätzender Polit-Wichser und absolut autoritärer Bock.
Eurydike	dessen Tussy, die nicht viel zu melden hat.
Haimon	Ableger von den beiden. Er steht ungeheuer auf Antigone und pißt seinem Alten eigentlich ziemlich locker ans Bein.
Teiresias	so ein Fuzzy, der zwar den absoluten Durchblick für die Future hat, dem dafür aber die Optik auf den Augen flöten gegangen ist.

In griechischer Vorzeit führt Antigone ihr eigen Blut, die Schwester Ismene, auf den Vorplatz des Palastes.
Ein schweres Schicksal ist den beiden auferlegt. Der Vater stach sich aus mit eig'ner Hand die Augen, zu strafen sich für seinen selbstenthüllten Frevel. Sein' Mutter dann, die auch sein Weib ja war, sich schändlich drauf erhängte. Und heute nun die beiden Brüder im Kampfe fielen, wohl in der Schlacht um Theben.
Und einer durch des anderen Hand.

Antigone: Entrüstet Euch!
Ismene: Ich bin völlig geschafft. Hoffentlich war's wenigstens ein glatter Stich.
Antigone: Der totale Horror! Zwei Leichen und kein Friedhofsamt!

Doch weit're Pein belastet schwer die beiden Schwestern. Der neue König Kreon verweigert Polyneikes — dem einen Bruder — des Grabes Ehr: tat der doch gegen Theben kämpfen.

Ismene: Und wer den Body doch einbuddelt, wird einen Kopf kürzer gemacht. Null Ahnung von Hygiene hat der Typ, ey!

Antigone: Ich hab zwar unheimlich Muffe, aber ich bring das einfach nicht, den Polyneikes von den Flattermännern anknabbern zu lassen. Sowas kannste mit der Family echt nicht bringen. Wenn der nicht richtig verbuddelt ist, dann hat der doch im Hades Null Future. Machste mit, mein Lästerschwein?
Ismene: Du ich hab echt Schiß. Und irgendwie hab ich auch nicht so viel Power wie Du, mich mit dem Sackgesicht von Kreon anzulegen. Außerdem, Du weißt doch, meine Migräne ...

Antigone allein nun eilt, das Grab dem Bruder aufzuschütten. Eh' ihre Kraft versagt, gibt sie nicht auf.

Antigone: Gut, daß ich früher immer meinen Spinat gegessen habe. Aber son paar Tröpflein von Mirakulix wär'n jetzt affengeil.

Ein Wächter Kreons doch entdeckt das Tun, entdeckt die Erde auf der sterblich Hülle, die eine Weih' des Toten ist.

Kreon: *(zum Wächter)* Haste wenigstens gescheckt, an wen wir den Bußgeldbescheid rausschicken müssen?
Wächter: Null Ahnung, Chef. Der hat sich sofort verkrümelt. Und unsere Jungs hatten wohl ihre Linsen nicht drin oder den Walkman über den Lauschern, jedenfalls hat keiner was geschnallt.
Kreon: Ihr Spargeltarzans könnt doch allesamt einpacken. Nu schwing die Hufe und karr mir wenigstens diesen Grabe-Fuzzy ran.

Bald greift der Mann die unglückselige Antigone, als sie noch schmückt des Bruders Grab, und bringt sie zu dem König gleich.

Wächter: Guter Fang, was Chef? Das Buddeln haben die der wahrscheinlich in der Emma beigebracht.
Kreon: *(zu Antigone)* Bist Du der Hirni, der mir diese Faule Kiste aufs Auge gedrückt hat?

Und diese leugnet nicht.

Antigone: Logo. Aber ich hätte Arbeitshandschuhe anziehen sollen. Der Nagellack ist völlig im Arsch.

So groß schien sein Befehl ihr nicht, daß er die ungeschrieb'nen Gottgebote, die wandellosen, konnte übertreffen.

Antigone: Mit Deinem Eierbecher-Horizont ziehst Du bei mir Null Fisch. Wenn ich den Polyneikes nicht verbuddelt hätte, wär ich jetzt total fix und foxi.

Der Kreon aber tat sich schwören, daß niemals ihn ein Weib regieren sollt'.

Kreon: Die Weiber werden allmählich penetrant. Bei Khomeini wär das nicht passiert — Kampf der Frauenpower.

Da eilt hinzu Haimon, des Kreon Sohn, Verlobter der Antigone. Ihm rät der Vater, zu verwerfen seine Braut, sollt diese doch tief drunten im Hades einen Freier finden.

Kreon: Die S-Bahn ist für Dich abgefahren, Junge. Ich spendier' Dir nen Flug nach Bangkok.

Doch Haimon sucht, den Vater zu erweichen.

Haimon: Is aber total beschissen für's Image, Papi. Die

ganzen Peoples hier haben eh die Hosen gestrichen voll und würden sowieso nie ne Lallung gegen Dich rauslassen. Und die einzige, die dann und wann mal nen lockeren Spruch macht, willste über die Klinge springen lassen? Der Ronny sperrt Dir doch glatt die Militärhilfe, wenn Du keine Scheinopposition zuläßt.
Kreon: Mensch, Du gehst mir echt auf die Eierstöcke. Du bist und bleibst eben der absolute Softi.
Haimon: Und Du der absolute Chauvi und ein autoritäres Arschloch dazu.

Dies zürnt den Kreon so gewaltig, daß er befiehlt, Antigone zu holen und vor den Augen ihres Bräutigams zu töten.

Antigone: Na, dann kann ich mich ja wohl verabschieden.

Da kommt an eines Knaben Hand Teiresias, der blinde Seher, und mahnt den Kreon zu besonn'nem Tun: Unheil verkünde jeder Vogelschrei.
Drum solle Kreon lassen
von dem Toten und Antigone.
Denn Einsicht sei der
Güter allerhöchstes.

Teiresias: Wenn Du Dir ne Chose auch mal von nem anderen Freak beibiegen läßt, biste der absolute King. Aber was Du gerade inszenierst, wird garantiert ein Schuß in den Ofen.

Doch Kreons Wille läßt nicht mit sich handeln.
Drauf prophezeit der Seher ihm den Tod des eigenen Blutes, ihm zur Sühne.
Erst jetzt packt Angst den Kreon und auch Schrecken.

Kreon: Fuck off! Wenn wir jetzt mal nicht mit'm Heizölferrari zu schnell in die Kurve gestochen sind.

Als er sich gerad besinnen will, Antigone zu lassen, kommt Kunde, daß man fand Haimon im eig'nen Blut, gemordet von der eig'nen Hand, und vor ihm die erhängte Braut, die sich auch selbst getötet. Doch nicht genug. Als von dem Tod des Sohns Eurydike hört, die Ehefrau des Kreon, sie auch den Stahl sich in die Brust tief sticht und umsinkt ohne Leben.
Da schimpft der Kreon selbst sich Narr.

Kreon: Das ist ja wohl die absolute Horrorstory! Verdammtes Fernsehn! Nie wieder mach ich bei »Alles oder nichts« mit.

Gotthold Ephraim Lessing

Nathan der Weise

Ein dramatisches Gedicht in fünf Aufzügen

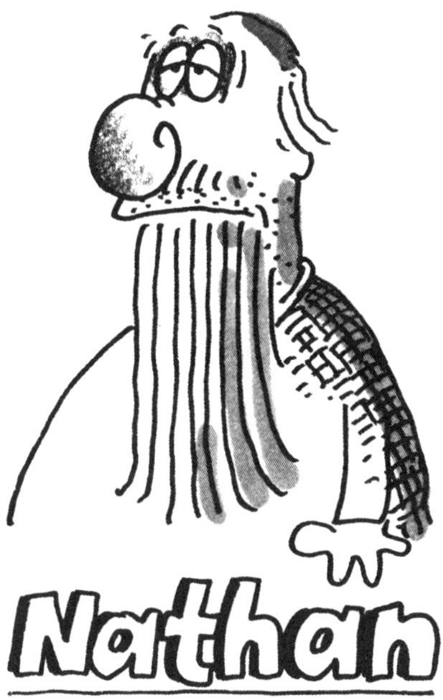

Recha
Sittah
Daja
Sultan Saladin
Patriarch
Klosterbruder
Tempelherr
Al-Hafi

Die Personen der Handlung

Nathan	ein Jude in Jerusalem, der tierisch viel Knete an den Füßen hat und dazu einen so echt affengeilen Durchblick, daß es einen völlig aus den Socken haut.
Recha	ein Teeny, von dem die ganzen Peoples meinen, sie wär ein Wurf von Nathi. In Echt hat sich die aber ein anderer abgehottet, und Nathi macht den Pflege-Papi. Am Anfang schnallt also keine Sau, daß Recha keine Jüdin ist, sondern Christin.
Daja	ne heiße Käthe, die Nathi engagiert hat, damit die Recha keinen Stumpfsinn schiebt. Die ist auch ne Christin.
Tempelherr	ein knackiger christlicher Fighter, der den absoluten Kick verpaßt kriegt, als er der Recha über den Weg jettet. Davor war er Knacki beim Sultan, der ihn aber wieder abdampfen ließ, weil er dem abgenibbelten Bruder vom Saladin so ähnlich sah. Wem das jetzt alles echt zu heavy ist, der soll sich die Story erstmal reinpfeifen, dann kapiert er sie schon.
Sultan Saladin	ein ziemlich betuchter Moslem, dem allerdings die Kohle ausgegangen ist. Sonst ist der ganz brauchbar, aber wohl'n reichlicher Softi.
Sittah	dessen Schwester, nicht unclever, spielt aber keine durchdringende Geige.
Patriarch	der christliche Obermacker von Jerusalem, wohl so eine Art Mini-Papst, ein ziemlich mieser Vogel, der mit Menschlichkeit nicht viel am Hut hat.
Klosterbruder	so ein Knecht vom Patriarchen, der nachher aber doch ne ganz passable Action liefert.
Al-Hafi	eine Art Butler in der Villa vom Sultan Saladin.

1. Aufzug

Wir finden uns im späten Mittelalter und in Jerusalem, im Haus des Juden Nathan, von dem man sagt, daß er sehr reich und weise sei. Im Hause noch lebt Recha, seine Tochter, und Daja, die als christliche Gesellschafterin der Recha dient.
Soeben kömmt der Herr des Hauses, der Jude Nathan, heim von einer langen Reise und findet Daja erregt und voller Pein.

Daja: Mensch, Nathi, das wurde aber echt höchste Eisenbahn, daß Du hier einläufst. Während Du die Düse gemacht hast, war hier nämlich Ramba Zamba.
Nathan: Jetzt mim' mal hier nicht auf wichtig, tu lieber raus, was angesagt ist!
Daja: Deine Bude hier wär fast abgefackelt.
Nathan: Ach Du schöne Scheiße. Und Recha?
Daja: Ganz cool bleiben, Nathi! So ein beknackter Freak hat sich die Recha geschnappt und aus dem Grill rausgezerrt.

Voll Freud' und Dank ist da dem Nathan sein gut's Herze, und sagen Dank will er dem rettend Mann. Da kündet Daja von gar seltsam Denkungsweis' der Recha.

Daja: Die Recha hat nen Flitz in der Rübe, daß das gar kein echter Typ gewesen wär', sondern ein himmlischer Flattermann, der schon früher bei ihr ne Art Batman gespielt hätte.

Der süße Wahn müßt' nun der süß'ren Wahrheit weichen, sagt Nathan drauf, den man auch oft den Weisen nennt.

Nathan: Die tickt wohl nicht ganz sauber. Ich glaub, der müssen wir mal nen Real-Schub verpassen!

Den rettend' Tempelherrn zu suchen, sagt Nathan nun der treuen Daja.

*

Drauf sehen wir den Tempelherrn schreiten, gefolgt von einem Klosterbruder.

Tempelherr: Ey, Du Maske! Bei mir kannste keine müde Mark abstauben, capito? Ich bin selber völlig pleite. Total tote Hose, kapierste?

Dem Klosterbruder ist's jedoch nicht um des schnöden Mammons willen. Er ist gesandt vom Patriarchen, der will den Tempelherren werben. Denn dieser ward entlassen aus der Haft des Sultan Saladin, weil er des Sultans Bruder glich so sehr. Dem christlich Patriarchen soll er als Spitzel dienen und Saladin ermorden, weil der ein Moslem ist.

Tempelherr: Du bist wohl nicht ganz dicht. Ich werd ja

wohl keinen um die Ecke bringen, der mir die Rübe oben gelassen hat. Und wenn's noch son Obermacker ist. Dein komischer Patriarch hat wohl einen an der Waffel!
Klosterbruder: Du, das find ich echt bockstark von Dir! Mir ging die ganze Action nämlich auch unheimlich auf die Eier.

Kaum ist der Klosterbruder drauf entschwunden, kömmt Daja. Forsch tritt sie vor'n Tempelherren hin und tut ihm ihr Begehren kund. Nathan, der Vater Rechens, lüd zu sich ihn aufs Dringlichste. Der Tempelherr jedoch lehnt ab. Ist er doch Christ, der andre aber Jude.

Tempelherr: Mensch mach den Abflug, Mutter! Ich hab absolut Null Bock drauf, zu dem Opa in die Bude zu stiefeln.
Beim nächsten Feuerwerk laß ich den Teeny lieber weitergrillen, wenn hinterher immer so ein Zoff rausgelassen wird.
Daja: Der Nathi ist aber ein brutal guter Typ!
Tempelherr: Bleib mir doch mit Deinem ätzenden Geblubber vom Body. Ich kenn diese Sorte. Alles total miese Typen. Und die brutzelnde Braut kannste Dir ans Revers kleben.

2. AUFZUG

Im Palast des Sultans sitzt Saladin und spielt mit seiner Schwester Schach. Sittah heißt diese Frau mit Namen und ist ein Weib voll Klugheit und Verstand.
Der Sultan aber sitzt mit gar umwölktem Blick. Ihn drückt die Last des fehl'nden Geldes. Zu frei hat er an jedermann gegeben, nun aber hat er selber nichts.

Saladin: Wir sind total abgebrannt. Wir haben echt Null Knete mehr, Sittah!
Sittah: Und meine ganzen Mäuse hab ich schon mit reingebuttert. Die sind auch flöten!
Saladin: Jetzt seh'n wir ganz schön alt aus.
Sittah: Das kannste laut sagen. Ohne Moos nix los!

Da naht Al-Hafi, der Derwisch. Gar manches Goldstück hat er geliehen schon im Auftrag Saladins. Die Sach' des Geldes ist sein Dienst. Nun will er leih'n vom Nathan, dem reichen Juden. Er wär die letzte Rettung.

Sittah: Affengeile Idee!
Saladin: Los Al-Hafi, schwing die Hufe und sieh zu, daß Du bald mit dem Kies hier antanzt.

*

Derweil vorm Haus des Nathan, dort wo es an die Palmen stößt, der Jude mit der Tochter in heft'gem Streite steht, weil er den rettend Mann nicht bringen kann.

Recha: Hättest Du nicht mal ein bißchen Gummi auf der Straße lassen können, Papa? Jetzt ist der Typ doch garantiert verduftet, nur weil Du son lahmer Vogel bist!

Ins liebend' Herz tat sie den Retter schließen nun, da sie weiß, daß er von Fleisch und Blut und nicht ein Engel ist.

Doch Daja naht mit einer traurig' Kunde.

Daja: Fehlanzeige! Der hat absolut keinen Bock, bei Euch angelatscht zu kommen.

Doch da naht er selbst, der Langgesuchte. Und Nathan tritt auf ihn hinzu mit festem Schritt.

Nathan: Tachchen! Ich bin der Alte von der Recha.

Den Tempelherrn erfaßt erst Schrecken. Entfliehen möcht' er von dem Manne hier. Doch Nathan, den das Volk den Weisen nennt, spricht zu ihm in bedächt'ger Art und sagt ihm, daß nicht zähle, ob Jude, Christ, ob Muselmann. Der Mensch allein, der gute, zähle. Darob der Tempelherr im Nathan den Freund und Weisen kann erkennen.

Tempelherr: Mensch, Nathi, Du bist ja wirklich ein tierisch cooler Typ und hast den absoluten Durchblick. Mit Dir kann man echt gut ins Labern kommen.
Nathan: Kommste denn mal auf ein Bier bei uns vorbeigeschlappt? Die Recha wär bestimmt total von den Socken.
Tempelherr: Logo, ich bin doch absolut scharf auf den Teeny.

Da fragt der Nathan nach des Tempelherren Namen, der »Curd von Stauffen« sagt und geht.
Der Nathan aber bleibet sinnend. Der Name scheint ihm sehr vertraut.

*

Al-Hafi kommt zu Nathan eilig und sagt von Saladins Begehr, sich Geld zu borgen bei dem reichen Juden. Gleichzeitig aber warnt Al-Hafi den alten Freund.

Al-Hafi: Die Kohle kannste komplett abschreiben, wenn Du die ihm tatsächlich rüberwachsen läßt.

Doch Nathan sieht dem Sultan sich verpflichtet. Verschont' der doch den Retter seiner Tochter vorm Tod in seinem Kerker.

3. Aufzug

In Nathans Haus kommt Curd, der Tempelherr, zu Recha, die sich verzehrt nach ihm wohl seit der Feuersbrunst, aus der sein starker Arm sie sicher hat geborgen.
Sie erblicket ihn und ist von Sinnen fast vor Freude.

Recha: Ich flipp weg! Du siehtst ja genauso bärenstark aus, wie ich Dich gespeichert hatte.

Der Tempelherr jedoch, der sie zum ersten Mal kann lange schauen in ihrer Anmut vollem Reiz, weicht von ihr fort.

Tempelherr: Ich glaub, mich knutscht ein Laster.

Zu groß ist sein Begehren und zu unmöglich.
Denn sie ist Jüdin, weiß er wohl, er selber aber Christ.

Tempelherr: Das ist echt too much! Die Frau macht mich total irre an. Ich verpiß mich wohl besser, sonst raste ich noch völlig aus.
(geht ab)

*

Der Nathan weilt beim Sultan, der einen weisen Rat zu einer Frage hören will, die ihn gar heftig quält: Wer hat die einzig wahre Religion? Christ? Jude? Oder Muselmann? Denn zwischen allen dreien darob der Streit schon lange ist entbrannt.

Saladin: Jetzt bin ich aber echt geil auf Deine Message, Junge.

Drauf sagt der Nathan ihm die Mär von einem weisen König, der Vater dreier Söhne war, jedoch nur einen einz'gen Ring besaß, der Macht und Anseh'n konnt' verleihen. Dies füllte ihn mit großer Pein, da er nicht wußte, an welchen seiner lieben Söhne er ihn vererben sollt'.

Nathan: Kurz bevor der Alte dann vom Schlitten gerutscht ist, hat er noch in einem Affenzahn zwei Dubletten von dem Klunker hinbiegen lassen und jedem von seinen Ablegern einen in die Griffel gedrückt. Und prompt hat natürlich jeder von den drei Sandkastenrockern gedacht, **er** hätte den echten Brilli als Souvenir vom Alten. Und der Gag von der Story ist, daß man nur

an der Action der Drei erkennen kann, wer den Klunker mit der Power erwischt hat.
Saladin: Ich glaub', jetzt hab ich voll geschnallt, was Du mir beibiegen willst. Ist ja tierisch, diese Lallung!

Drauf bietet Nathan dem Saladin sein Geld, was der auch nimmt.

*

Am Kloster trifft der Nathan Curd von Stauffen, den Tempelherren, der dringend ihn erwartet.

Tempelherr: Mensch, ich steh' mir hier stundenlang die Beine in den Bauch. Endlich zurück vom Shopping?
Nathan: Der Bus kam nicht, aber ist doch kein Grund, im Karree zu springen.

Nun kündet Curd von seiner großen Liebe zu Recha.

Tempelherr: Ich muß die Torte unbedingt angraben, oder ich dreh' total durch. Haste was dagegen, wenn ich mit der Recha ne Zweierkiste aufmache?

Doch Nathan wehrt dem Sinnen Curdens.

Nathan: Ich glaub, mich streift ein Bus! Das mußte Dir abschminken.

Nun fragt der Nathan noch, wer Vater seines Blutes sei.
Und Curd sagt: Conrad von Stauffen.
Daß er den Vater kennt, weiß nun der Nathan ganz gewiß: Und er erschrickt.

Nathan: Das wär ja der absolute Hammer!

*

Die große Wende bahnt sich an, als Daja tut dem Tempelherren kund, daß Recha Christin ist wie er, weil Nathan sie vor langer Zeit zu sich genommen an der Tochter Statt.

Daja: Die ist nämlich gar kein Original-Sproß von Nathi. Die hat er sich von irgend so nem Freak ans Bein binden lassen.
Tempelherr: Gotthold Ephraim! Das kannste echt nicht bringen!

4. Aufzug

Der Tempelherr in seinem wirren Kopf und voll der groß' Enttäuschung eilt drauf zum Patriarchen und sagt ihm von dem Juden, der eine Christin nahm als Kind in Pflege. Den Namen Nathans aber nennt er nicht.

Der hohe christlich' Herr jedoch läßt keine Milde walten.

Patriarch: Schwanz ab, Kopf ab . . . auf alle Fälle ab!

. . . tut dieser kund und will den Nam' des Schänders wissen.
Des Tempelherren Lippen aber schweigen still.
Da schickt der Patriarch den Klosterbruder aus, den Juden aufzufinden.

*

Der Tempelherr derweil nun eilt zu Saladin, ihm auch vom Umstand zu berichten, daß Nathan ihm verweigert Rechens Hand, obwohl sie Christin ist, nicht Jüdin.

Tempelherr: Ich bin echt stinksauer auf den Typ!
Saladin: Reg Dich ab, Junge. Wir krallen uns die Recha einfach und fliegen sie hier ein. Dann guckt Nathi erstmal in die Röhre.

*

Beim Nathan ist der Klosterbruder, zu warnen ihn vorm Patriarchen. Der Klosterbruder selbst vor langer Zeit dem Nathan tat den Säugling bringen, den ihm ein sterbend' Vater gab.

Klosterbruder: Jetzt mußt du höllisch auf Draht sein, Nathi, sonst macht Dich der Patriarch ein wie Blutwurst.
Nathan: Der Junge zieht sich einfach zu viele Gewalt-Videos rein — vergiß es! Aber ich muß unbedingt researchen, wer die Family von der Recha ist. Hast Du nen Schimmer?
Klosterbruder: Null Ahnung, echt! Aber der Alte von der Recha hat mir so ein Buch in die Griffel gefingert, bevor er abgenibbelt ist. Da war vorne so ein Schrieb reingekliert, wie bei der Autogrammstunde von Niki Lauda.

Dies Büchlein soll der Bruder bringen.

5. AUFZUG

Zu Nathans Haus geht Curd von Stauffen, der Tempelherr, entdeckt dem Herrn des Hauses sein schuldig' Seel': Daß er es war, der Kunde tat dem Patriarchen vom Juden und dem Christkind.

Tempelherr: Nathi, ich war die Sau, die die Story an die große Glocke gehängt hat.

Doch dieser ist dem Tempelherrn nicht weiter Gram, denn groß und weise ist sein Herz. Des Nathans Sorge gilt der Recha.

Nathan: Ich muß die Recha dringend auf vollen Info-Stand setzen. Wenn ihr ein anderer die Chose verklickert, ist die bestimmt tierisch geschockt, und ich kann die Biege machen.

Dem Tempelherren sagt er drauf, daß noch ein Bruder Rechens sich gefunden hat, bei dem er um sie werben müßt', wollt' er zur Frau sie nehmen.

Nathan: Weil ich ja nicht die Original-Regierung bin, mußte das eben mit Rechas echtem Bruder checken.
Tempelherr: Auch das noch. Das hältste ja im Kopf nicht aus!
Und von diesem Saftsack soll dann abhängen, ob ich mir die Recha untern Nagel reißen kann?

(will abgehen)

Nathan: Wo willste denn jetzt hin — mit'm Sacco nach Monaco?
Tempelherr: Ihr Obermacker stinkt mir ungeheuer. Jetzt soll die Recha mal selber raustun, was Sache ist! Entweder fährt sie auf mich ab oder eben nicht.

*

Die Recha ist am Hof des Sultans, wohin derselbe sie geholt. Dorthin nun eilen Tempelherr und Nathan. Das schöne Mädchen weiß schon, daß sie getaufte Christin ist und Nathan nicht ihr Vater. Sie trägt's mit Fassung.

Recha: Mir ist völlig 66, ob Nathi nun mein echter Alter ist oder nicht. Ich find ihn jedenfalls total groovy!

Drauf lüftet Nathan noch ein weiteres Geheimnis. Der Bruder Rechens ist: der Tempelherr.
Sie sind von einem Blut: Geschwister. Das Büchlein tat's beweisen.

Tempelherr: *(Ihr um den Hals fallend)* Aus unserem Bums wird jetzt wohl nix.
Recha: *(voll des Entzückens)* Das ist ja ne absolute Kino-Kitsch-Kiste! Wenn auch keine Love-Story. Naja, hat man auch weniger Streß und länger was davon.

Und noch eins hat der Nathan zu verkünden, was er auch in dem Büchlein fand. Der Bruder Saladins ist Curds und Rechas Vater und und Saladin ihr Onkel somit, was dieser wohl im Herzen spürte, als er den Tempelherrn entließ aus tiefem Kerker.

Saladin: Astreines Finish! Absolut bühnenreif!

Worob der Vorhang fällt.

FRIEDRICH SCHILLER

Die Räuber

Ein Schauspiel

Franz

Amalia

Daniel

Hermann

Maximilian von Moor

Spiegelberg, Schweizer, Roller

und andere

Die Personen der Handlung

Maximilian von Moor	regierender Graf, also Obermacker von der Gegend. Ein lieber Opi, der allerdings nicht mehr so ganz durchzublicken scheint.
Karl	Moors ältester Sproß, auf dem er ungeheuer steht. Der Charly ist zwar ein echt bockstarker Typ, macht aber irgendwo als Student die Sause und haut mit seinen Kumpels irre auf den Putz.
Franz	Charlys Bruderherz, eine absolut miese Type und häßlich wie'n Zombie. Dieser Brutalo linkt jeden, weil er wahnsinnig scharf darauf ist, selber Obermacker zu werden.
Amalia	Charlys Zahn und die einzige, die die Storys, die der Franz auftischt, voll schnallt und kapiert, was das für ein Miesling ist.
Spiegelberg **Schweizer** **Roller** und andere	Die Kumpels von Charly, z. T. ziemliche Hirnis und Chaoten, allesamt eher Mollis als Müslis. Später gehören sie zu Charlys Bande.
Hermann	ein Fuzzy, der in seinem Schloß als aboluter Dackel vom Franz rummacht.
Daniel	ein antiker Boy im Nobelschuppen der Mohr-Family.

1. Akt

Man schreibt die Mitte des 18. Jahrhunderts in Deutschland, im Schloß des Grafen von Moor in Franken. Der edle Karl weilt fern in Sachsen, was sich sein boshaft Bruder Franz zunutze macht. Er sucht den Vater gegen Karl mit falschen Dokumenten einzunehmen.

Franz: Halt Dich fest, Papi! Ich hab echt ätzende News von Charly.
Moor: Au weia!
Franz: Nicht, daß Du den Löffel wegschmeißt, wenn ich Dir den Wisch vorlese.
Moor: Ich reiß mich am Riemen. Laß die Message ruhig raus, Junge.

Drauf liest der Franz den Brief, den er von eigner Hand geschrieben, dem Vater vor, in dem von schändlich Taten Karls die Rede ist. Entjungfert haben soll er eines reichen Mannes Tochter, erschossen drauf im Duell deren Galan und nun sich eines Luderlebens freuen, gesucht mit einem Steckbrief durch die Obrigkeit.

Franz: Ganz schönes Miststück, der Charly, was?
Moor: Und ich alter Saftsack bin voll auf den Sproß abgefahren.
Franz: War wohl Fehlanzeige! Wenn's so weitergeht, reitet der noch die ganze Family mit rein — schlimmer, als wenn Du die Kehrwoche nicht gemacht hast.

Den gebroch'nen Vater bringt der Franz so weit, die Hand vom Karl zurückzuziehen, ihn zu enterben.

Moor: Der Charly soll sich hier nicht mehr blicken lassen, und außerdem wird der Null Knete von mir einstreichen. Der ist für mich gestorben.
Franz: Die Message von Dir huste ich für Dich aufs Papier, Papi. Sonst kippst Du mir noch aus den Latschen vor Braß.
So ward von Franz ein Brief verfaßt. Karl von Moor bekommt ihn in einer Schänke Sachsens, als er sich eben besann, sein umtriebig Studentenleben zu lassen und heimzukehren an des Vaters und Amaliens Seite.

Karl: (seufzt) Ich schmeiß die Sauferei und Rumflipperei. Das bringt doch echt Null und ändert nix an der total schlappen Society in diesem ätzenden Wichser-Jahrhundert.
Spiegelberg: Was hat der denn? Ist doch gar nicht Weihnachten!
Karl: Und außerdem packen mich gerade total dicke Vi-

brations für die Amy. Ich hab so richtig Bock drauf, echt cool auf Family zu machen.
Spiegelberg: Wer zweimal mit derselben pennt, gehört schon zum Establisment.

Dem Brief, der ihm gebracht, fliegt Karl entgegen, glaubt er ihn doch von des Vaters Hand. Doch wie eine Leich' so bleich wird er, als er ihn hat gelesen. Die Kameraden greifen sich den Brief und lesen laut, was Franz ihm hat geschrieben.

Roller: Meine Fresse, ist Dein Bruder ein Dracula-Verschnitt?
Schweizer: Macht kaputt, was Euch kaputt macht!

Spiegelberg: Los Jungs, wir gehen in den Untergrund. Wir machen ne total tierische Bande auf. Kampf den Palästen! Wo sind die Mollies?
Roller: Bei Streß krieg ich aber immer Dünnschiß.

Spiegelberg: Komm, mim' hier nicht den Klaren. In **der** Society haben wir doch sowieso Null zu verlieren. Schade, daß Beton nicht brennt.
Die anderen: Okay, wir mischen mit. Alles unter Controlletti!
Roller: Und wer wird unser Boß? Ich bin für Charly.

Wie aus tiefem Schlaf erwacht da Karl und blickt die Kameraden an.

Karl: Ich schieb echt nen unheimlichen Haß auf diese ganze abartige Upper-Ten-Gang.
Alles paletti, ich mach Euch den Häuptling von Charlys Dampfkapelle.

Drauf schwören sie sich Treue bis in den Tod hinein. Als Räuberbande zieh'n sie in die Wälder Böhmens.
Im Schloß des Grafen von Moor versucht derweil der hinterhält'ge Franz die Liebe der verzweifelten Amalia zu gewinnen, was ihm mißlingt.

Franz: Amy, Du hattest doch dem Charly so einen Klunker als Souvenir an den Finger geschoben, bevor der das letzte Mal abgezwitschert ist, ne?
Amalia: Logo, ein echt geiler Brilli ist das, ein Kaufhof-Freundschaftsangebot.
Franz: Den hat der Charly sonem heißen Zahn vermacht, damit er ihn mal anbohren konnte.

Doch seinen Worten kann Amalia keinen Glauben schenken. Sie weiß, daß falsches Spiel er treibt.

Amalia: Komm Franz, erzähl doch nix vom toten Sheriff. Der Charly griffelt nicht an anderen Teenies rum, J. R. ist ja zum Knutschen gegen Dich alten Schleimbeutel.

Drauf versucht der Franz, mit einer andren List das Herz Amaliens zu gewinnen. Karl habe ihm, dem Franz, Amalia anvertraut.

Franz: »Wenn ich mich abseile, reiß Dir die Amy untern Nagel«, hat der Charly noch gesagt, bevor er abgedampft ist.
Amalia: Verpiß Dich, Du Schlappschwanz, und seiere Dein Gelaber an jemand anderen ran!

... erwiderte sie, was ihn erzürnt und Rache schwören läßt.

2. Akt

Um schneller an die Erbschaft und in Besitz der Herrschaft zu gelangen, sinnt Franz nun auf ein Mittel, den alten Graf bald aus der Welt zu schafffen. Sein untergebner Hermann muß im Gewande eines Boten dem Max von Moor die falsche Botschaft bringen, daß Karl gefallen sei vor den Toren Prags.

Franz: Wenn Papilein das hört, wird ihn das vom Schlitten hauen, und ich bin Chef hier.

Erst scheint der Plan auch zu gelingen.

Hermann: Max, Dein Filius hat bei Prag den Löffel abgegeben.
Moor: *(verzweifelt)* Das ist die absolute Härte! Vielleicht hätte ich doch mal nen Kurs im Elternseminar belegen sollen.

Da eilt Amalia herbei. Auch ihr soll Hermann falsche Kunde bringen.

Hermann: Ehe er sich langgemacht hat, hat er noch »Amy« genuschelt.
Amalia: Ich pack's echt nicht. Und ein Photo fürs Buffet hat natürlich auch keine Sau.
Moor: *(faßt sich ans Herz)* Ich glaub, den Charly hab ich auf dem Gewissen. Jetzt bin ich alle. Mein Herzschrittmacher rockt wie Bill Haley.
Franz: Nun nibbel schon endlich ab, Papi!

Da sinkt der Graf von Moor wie tot zusammen, und Franz hüpft voller Frohenlocken.

Franz: Jetzt bin ich Boß im Schloß.

In dieser Stunde tut ein Streit sich auf bei der Räuberbande in den Wäldern Böhmens. Ein Teil der Bande um den Räuber Spiegelberg will rauben nur und Brände stiften. Gar an der Schändung eines ganzen Klosters und der Nonnen hat man Freud.

Spiegelberg: Mal was anderes als die ewigen Kaffeefahrten, was? Den Weibern haben wir mal gezeigt, was ein Hammer ist!
Räuber: Das kannste übern Verstärker lassen!

Der Hauptmann Karl jedoch ist Räuber einzig, um dem bedrängten Volk zu helfen und ungerechte Minister, Räte, Advokaten zu strafen für ihr schändlich Tun. Mit Räubern und gemeinsamen Mördern aus purem Eigennutz möcht er nicht gleiche Sache machen. Schon will er sich von ein'gen Mannen trennen, da kommt ein mächtig' Angriff. Im Wald ist man umzingelt.

Räuber: Jetzt ist die Kacke aber echt am Dampfen. Das ganze Grünzeug wimmelt nur so von Ballermännern.
Räuber: Wär ich doch nur Bulle an der Startbahn-West geblieben. Der Job als Under Cover Agent ist auf die Dauer zu nervig.

Generalpardon soll die Bande jedoch erhalten, wenn sie den gebund'nen Hauptmann liefert aus. Karl Moor gibt sich bereit.

Karl: Los, Leute, sackt mich ruhig ein, dann könnt Ihr alle abdüsen. Mein Bio-Rhythmus hängt gerade eh voll im Minus.

Jedoch die Räuberbande steht zu ihrem Hauptmann und geht mit gezücktem Säbel in die Schlacht. Und es gelingt, sich durchzuschlagen.

Räuber: Quatsch mit Soße!
Alles neu macht der Mai!
Avanti Diletanti!

3. Akt

Amalia: Achtung, hier droht Mundgeruch!
Franz: Du blöde Zimtzicke!

. . . sagt Franz beim Schloß von Moor. Dort sitzt Amalia im Garten, erneut umworben von dem bösen Bruder des Geliebten. Doch Amalia weigert sich, ihn zum Gemahl zu nehmen.

Amalia: Bei dem Gedanken kommt mir ja der Mac Rib von der Konfirmation hoch.
Franz: Du wirst schon sehen, was Du davon hast! Dann leg' ich Dich eben so. Die Hose lebt!

Spricht's und will sich auf sie stürzen. Da zieht das mut'ge Weib ihm seinen Säbel von der Seite . . .

Amalia: Was sollen denn die Putzstreifen auf dem Blech hier?

. . . und jagt ihn davon.
Als drauf der untergeb'ne Hermann kommt, ist der voll Reue und tut ihr kund, daß er eine falsche Botschaft brachte, daß Karl noch lebt und nicht bei Prag gefallen ist. Der Amalia hüpft drauf das Herz im Leibe.

Amalia: Wieder fünf Riesen für die Ehevermittlung gespart!

4. Akt

Den Räuber Karl hat eine große Wandlung angegriffen. Sein Herz war ihm von Sehnsucht nach Amalia fast zersprungen, drum eilt er mit der Räuberbande, die ihn begleitet treu, zum Schloß von Moor nach Franken. Als »Graf von Brand« tritt er dort auf. Selbst Amalia sieht in ihm einen Fremden. Allein der alte Diener erkennt in ihm den Karl von Moor, der vom Vater ward verstoßen.

Karl: Hallöchen!
Daniel: High, Charly!
Karl: Mach mich nicht an, Alter. Wieso »Charly«,
Daniel: Ich hab den totalen Durchblick, Junge.
Karl: Mach mich nicht an, Alter. Wieso »Charly»?
Die Narbe auf Deiner Birne ist ne absolute Sondermarke. Echt astrein, daß Du wieder aufkreuzt.

Da fällt der Karl dem treuen Diener um den Hals und gibt sich zu erkennen. Gleich fragt er nach Amalia.

Karl: Was ist denn jetzt hier Amy-mäßig angesagt?
Daniel: Die kippt aus den Latschen, wenn die Dich sieht. Die ist immer noch ungeheur spitz auf Dich.
Karl: Ist ja echt bockstark! Ich dachte schon, ich wär abserviert.
Daniel: Wir müssen jetzt unheimlich auf Draht sein, daß der Franz nicht schnallt, daß Du hier bist.
Karl: Wenn ich das Sackgesicht sehe, werd ich zum Schlitzer!

Um jedoch nicht zum Mörder an seinem eigen' Fleisch und Blut zu werden, und weil er es nicht wagt, Amalia sein Räuberleben zu enthüllen, flieht er vom Schloß und lagert mit der Räuberbande vorm Schloß im Wald. Dort will der Räuber Spiegelberg Vertraute sich gewinnen, den Karl zu morden, um selber Räuberhauptmann dann zu sein.

Spiegelberg: Kommt, diesen Schlaffi putzen wir weg vom Fenster!
Schweizer: Du bist ja eine absolut linke Sau, Spiegelberg. Dir stell ich den Strom ab!

Getötet wird der Spiegelberg, um Karl vor ihm zu retten, was diesem sehr zu denken gibt.
Inzwischen ist es Nacht geworden. Da sehn sie einen alten Mann, der Hermann ist's, durch den Wald zu einem verfall'nen Schlosse schleichen und in die Tiefe rufen.

Karl: Was schlappst Du denn hier durch's Gemüse?
Hermann: *(erschrickt)* Diese ewigen Photo-Reporter von BILD — echt lästig.
Karl: Quatsch. Ich will wissen, was hier läuft.
Hermann: Dein Alter hockt in dem Bunker hier und macht auf Lebend-Mumie.

Wie ein Gespenst kommt nun der Graf von Moor herauf aus den Gewölben.

Karl: Papi, wer war das Schwein, das Dich hier eingebunkert hat?
Moor: Dein sauberes Bruderherz. Ich war nämlich gar nicht richtig alle. Und als ich den Deckel von der Kiste von innen lüfte, knallt der Franz den gleich wieder zu. Mich hierher verfrachten, die Tür verrammeln und sich nicht mehr blicken lassen, war eins.
Hermann: Ich schleppe immer heimlich Körner ran, damit der Alte knackig bleibt.

Da kennt der Zorn des Karl wohl keine Grenzen mehr. Der treue Räuber Schweizer soll den Franz nun fangen und lebendig bringen.

Karl: Krall ihn Dir! Aber ich will ihn mit Pulsschlag.

5. Akt

Doch Franz im Schloß scheint von der Schwere des Gewissens schier erdrückt, ist Herr wohl nicht mehr über seine Sinne.

Daniel: Der Franz hat ein Blatt raus, der tickt nicht mehr ganz sauber. Der ist reif für den Baghwan.

Schon fliegen Steine und Feuerbrände, die Räuber stürmen das Schloß. Doch ehe Schweizer den Franz kann fangen, nimmt der die goldne Hutschnur und erdrosselt sich von eigner Hand.

Schweizer: Bei dem hilft auch Köhnlechner nicht mehr. So ein Frust!

Draußen im Wald vorm Schloß kommt Amalia gelaufen, den alten Grafen freudig zu begrüßen und ihren Karl, der nun erkannt ist.

Amalia: Charly, ich flipp völlig weg, so high bin ich!

Da sieht der Karl die Zeit gekommen, dem Vater und der Braut zu enthüllen sein Räuberleben.

Karl: Gestatten, Kater Karlo und seine Panzerknacker-Bande.

Worauf der alte Graf hinstirbt. Doch Amalia will ihren Karl nicht lassen.

Amalia: Charly, Deine Belmondo-Actions sind mir total schnuppe. Ich fahr immer noch voll auf Dich ab.
Karl: Du, das find ich wirklich super von Dir.

Doch als sie sich voll Glücks einander in die Arme sinken, treten die Räuber zwischen sie.

Räuber: Stop it, Charly, Du hast uns Treue geschworen. Da kannste nicht einfach mit der Tussy abbeamen.

Da wendet sich der Karl von seiner Liebsten. Er hat erkannt: ein großer Sünder kann umkehren nimmermehr.

Karl: Wer so einen Bockmist gebaut hat wie ich, ist komplett fertig mit der Welt. Das kriegste nie wieder gebügelt. Mit uns läuft nix mehr, Amy! Total tote Hose.
Amalia: Dann mach mich alle. Ohne Dich hab ich Null Bock auf Leben.
Karl: Haste auch ne gute Lebensversicherung abgeschlossen?

Da, als ein Räuber gerade auf sie stürzen will, greift Karl selbst zur Waffe und tötet sie. Den Räubern aber sagt er nun, daß er nicht länger mehr ihr Hauptmann ist, sich der Justiz ausliefert. Erkannt hat er: die Welt ist nicht durch Greuel zu verbessern.

Karl: Jetzt ist alles am Arsch.
Gewalt hat echt no Future, Leute. Aber freiwillig in den Bau geh ich nur, weil Freddy hier am Lenker sitzt. Lieber würd ich ja zur Weinernte nach Occitanien.

WILLIAM SHAKESPEARE

HAMLET
Prinz von Dänemark

Eine Tragödie

Claudius
Gertrude
Bernardo
Marcellus
Francisco
Horatio

Die Personen der Handlung

Claudius	der King von Dänemark so ungefähr im 10. Jahrhundert. Claudius ist ein ungeheurer Fiesling, weil er seinen Bruder — Hamlets Vater —, der vorher seinen Hintern in den Thron gedrückt hatte, kalt gemacht hat. Außerdem hat dieser linke Polit-Wichser auch noch die Witwe — also Hamlets Mutter — gelegt und dann geheiratet.
Gertrude	die Frau vom Claudius und Hammys Alte, ne ziemlich bescheuerte Tussy ohne Durchblick.
Hamlet	der Sproß vom alten King und Neffe vom Claudius. Hammy braucht immer reichlich lange, ehe er eine Chose voll gecheckt hat und lospowert. Sonst ist er ein ganz guter Typ.
Bernardo **Marcellus**	Offiziere.
Francisco	ein Soldat, der nur ne ziemlich kleine Nummer spielt.
Horatio	ein guter Kumpel von Hammy und so ungefähr der einzige, der nachher noch lebendig rumdüst.

Polonius

Ophelia

Laertes

Güldenstern

Rosenkranz

Rosenkranz Güldenstern	so Peoples am Hof vom Claudius, ziemlich undurchsichtige Figuren und echt totale Arschkriecher.
Polonius	ein Obermacker am Hof von Claudius und ein ziemliches Charakterschwein.
Ophelia	sein weiblicher Ableger. Die Braut hat wohl irgend eine Beziehungskiste mit Hammy am Laufen.
Laertes	der männliche Ableger vom Polonius, der sich mit Hammy anlegt.

außerdem:
der Geist von Hammys Altem, der dann und wann über die Bühne heizt, und ein Leichenbuddler, der die Kuhlen für die Hopsgegangenen ausbaggert.

1. Akt

Zu Helsingör, des Dänenkönigs Schlosse, die Mannen wachen treu und ohne Schlaf.

Bernardo: Jetzt ne pompöse Schnarch-Orgie wär' ne echt affengeile Kiste!

Doch Pflicht ist's nicht allein, die offen hält die Augen, die sonst sind schlafbeschwert. Ein Geist vielmehr macht mitternachts die Runde.

Francisco: Hoffentlich kommt dieser tote Freak wenigstens bald, damit wir researchen können, was Sache mit dem ist.
Horatio: Null Bock auf Leichen!

Das Wesen dieses Boten aus dem Jenseits vermögen nicht zu klären unsre Herrn. Jedoch Gestalt und Gesten erinnern sie an des Prinzen Hamlet edlen Vater. Der König starb an rätselhafter Krankheit.

Francisco: Du, das fand ich echt ätzend, daß sich der Bruder vom toten King gleich dessen Frau gekrallt und vor den heiligen Mann geschleppt hat.

Da kommt der Geist des Königs hergeschritten.

Horatio: Ich glaub, mein Hamster bohnert!

So sehr die Wachtgefährten sich mühen nun, dem Schreckbild zu entlocken Stimm und Wort, Erfolg ist ihnen dabei nicht beschieden.

Horatio: Hey Mann, was schlurfst Du denn hier durch die Pampa. Leidest wohl an seniler Bettflucht, was?
Marcellus: Alter, haste mal ne Mark?
Bernardo: Schon beleidigt, der Typ. Verpißt sich, ohne die Visitenkarte abzugeben.
Horatio: Echt ätzende Show! Irgendwie läuft hier ne krumme Kiste.

Und da es ihnen deucht, daß ihrem Staat besondre Gährung dreut, beschließen sie, dem Prinzen Hamlet gleich am nächsten Tage von der nächtlichen Erscheinung kund zu tun.

*

Darob der Prinz, der immer noch voll Trauer um seines Vaters frühen Tod, sich kurz vor Mitternacht bei den Gefährten findet, um dort zu treffen das Gespenst.

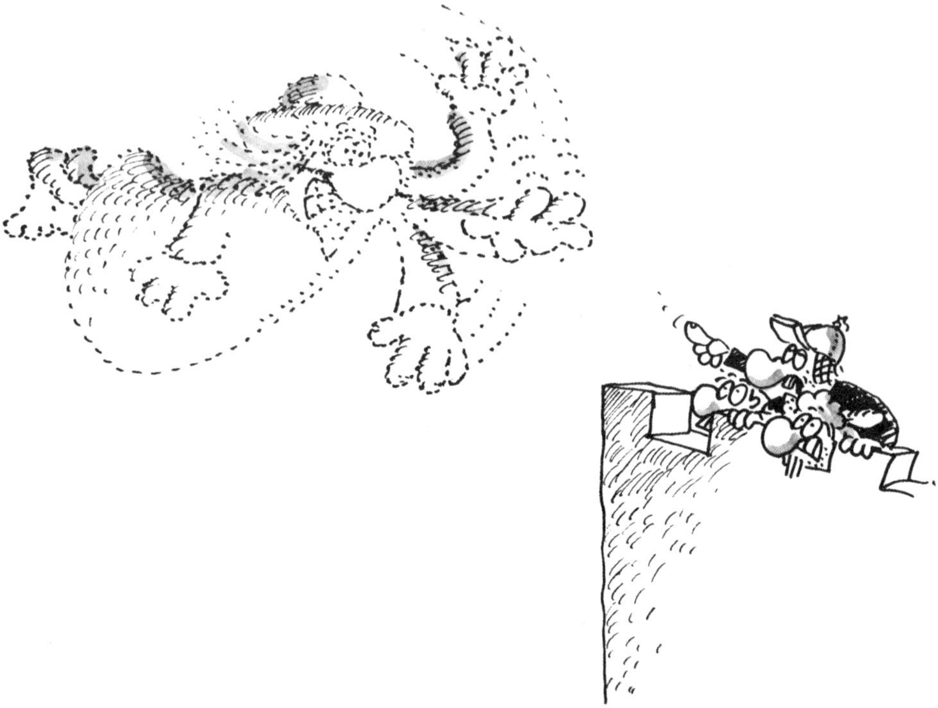

Hamlet: Und Ihr seid sicher, daß Ghosty heute nacht wieder hier seine Runde schnürt?
Horatio: Da kommt er doch schon im Sauseschritt angedüst.
Marcellus: Richtig smily heute, der Junge. Du, Hammy, der will was von Dir. Macht Winke-Winke.

Da will der Prinz dem nächtlich Geiste folgen.

Horatio: Bleib hier, wir sind doch nicht bei den Ghostbusters!
Marcellus: Ich schnall's echt nicht. Jetzt latscht Hammy dem toten Freak hinterher. Etwas ist faul im Staate Dänemark — logo, wenn in diesem Land auch schon morgens um 7 die Sonne aufgeht.

Derweil die Freunde noch um Rat sich mühen, wie sie den Prinzen retten vor dem Geist, ist das Gespenst mit Hamlet längst entschwunden.

*

An abgelegnem Ort gibt es ihm Kunde.

Geist: Ich bin die Null-Fassung von deinem Alten.
Hamlet: Whow! Ist ja tierisch, was man heutzutage alles managen kann.
Geist: Quatsch nicht so dämlich rum, sonst geht's Licht an, und ich muß mich wieder bis morgen nacht verpissen.
Hamlet: Okay, ich bin ganz Ohro.
Geist: Also: da ist ne echt üble Story gelaufen. Daß ich übern Jordan gegangen bin, hat mein Bruderherz, die alte Pottsau, aufs Blech gebogen. Ich war gerade am Poofen in der Hollywood-Schaukel, da kommt dieser total miese Type angefiest und kippt mir Gift in die Lauscher. Kein schlechter Stoff, das muß man ihm lassen. Total heavy die Wirkung!
Hamlet: Du, ich hab noch echt nen totalen Null-Schnaller.
Geist: Na, der Junge war doch schon die ganze Zeit tierisch geil auf meinen Job im Regierungssessel. Da hat er mich halt weggehustet.
Hamlet: Diese alte Karriere-Sau!
Geist: Aber das dickste Ei war echt, daß der nach der Beerdigung auch noch Muttern auf's Laken gezerrt hat. Mach den Typ alle, okay?!
Hamlet: Da kannste Gift drauf nehmen, Daddy!

2. Akt

Was Hamlet längst im Busen tief erahnte, ward so ihm nun zur nagenden Gewißheit und schlägt sich ihm auf Geist und Gemüt.
Nicht freut ihn mehr der Vögel muntres Zwitschern, nicht eines holden Mädchens Blick, der sonst die ärgste Seelenqual vermag zu lindern. Er redet irr, als ob nicht bei Verstand er wäre. Der ahnungslose Onkel und König darauf schickt nach Freunden Hamlets aus der Jugendzeit, daß sie die Ursach seines Schmerzes ihm entdecken.

König Claudius: Tachchen Rosenkranz und Güldenstern, Ihr zwei Schnarchsäcke. Echt dufte, daß Ihr mal wieder die Rübe reinsteckt. Hamlet drückt sich laufend Depressi-Einheiten rein, und wir blicken absolut Null warum.
Königin Gertrude: Wenn Ihr das researcht, tun wir auch dicke Knete dafür raus. Ihr könnt das doppelte Honorar

von nem Psycho-Guru nehmen. Hammy ist Privatpatient, ist doch logo, oder?
Rosenkranz: Gebongt, schöne Frau.
Güldenstern: Für Knete tun wir alles und ein paar Gramm mehr.

So eilen Rosenkranz und Güldenstern, sich in des Prinzen Hamlets Herz zu schleichen. Doch tun sie's plump und ohne Raffinesse, daß er alsbald den Lauf des Hasen kann erkennen und sie nun seinerseits für sich benutzt. Denn auf dem Weg zum königlichen Schlosse befinden sich Schauspieler aus der Stadt. Gar listig denkt Prinz Hamlet, sie zu bitten, ein Stück zu spielen vor dem ganzen Hofe, das ist dem König wohlbekannt: es ist der schnöde Mord an seinem Vater.

Hamlet: Wenn sich Onkelchen dabei tierisch ins Hemd macht und ihm die Story affenartig auf den Sack geht, dann hat Ghosty wohl die richtige Lallung draufgehabt.

3. Akt

Indes, der König, von dem Plan nichts ahnend, bespricht sich grad mit seinem treuen Ratgeb Polonius, der folget einer andren Spur. Deucht dem doch, daß Hamlets neue Schwermut entspringt allein dem liebeskranken Herze, das drängt sich zu Ophelia, der Holden, der Tochter des Polonius, gar keusch und rein.
Und so beschließen König und auch Vater, ein zufällig Treffen in die Weg' zu leiten, derweil sie selber hinterm Vorhang lauschen.

Allein kommt erst der Prinz — sinnierend.

Hamlet: Sein oder Nichtsein, das ist hier echt die totale Question. Da biste voll am Rotieren, wenn Du das checken willst. Sollste Dein Leben lang den Schlaffi mimen und Dir den ganzen Umweltschrott reinziehen, Dich zum Hugo machen lassen, oder sollste den Löffel wegwerfen? Fuck the live! Ab ins Nirwana! Aber da haste prompt die Hosen auch wieder gestrichen voll, weil Du Null Ahnung hast, wo Du hinflippst, wenn Du Dir den letzten Schuß gesetzt hast.
Ist mal wieder überhaupt nichts klar auf der Andrea Doria.

In diesem Zustand trifft ihn an Ophelia und bietet ihm höchst artig ihren Gruß.

Ophelia: Na, alles paletti, Hammy?
Hamlet: Geht so.
Ophelia: Du Hammy, ich hätt nen Wahnsinns Bock drauf, heute mit Dir in ne Disco zu heizen.
Hamlet: Macht mich Null an.

Ophelia: Warum biste denn so abgeschlafft?
Hamlet: Zisch ab, Taube, zwischen uns läuft nix mehr. Total tote Hose, kapierste?! (geht ab)
Ophelia: Der Junge tickt ja wohl nicht ganz sauber.

*

Im Schloß nun hebt das Schauspiel an, von dem bereits die Rede war und das den schädlich Mord des neuen Königs zeigt. Doch nicht zu Ende kann's der König sehen, erkennt er doch sein' Untat auf der Bühne und flüchtet flugs.

König Claudius: Scheiß-Spiel! *(geht ab)*

*

Die Königin — im Busen dunkle Ahnung — fragt Hamlet um ein ernst' Gespräch, dieweil Polonius hinterm Vorhang lauscht.

Königin Gertrude: Hammy, was sollte denn diese beknackte Show? Der King ist echt irre sauer.
Hamlet: Ich glaub, ich raste aus. Jetzt auch noch Zoff anfangen! Ich an Deiner Stelle würde in affenartiger Geschwindigkeit abtauchen und nicht auch noch in der Gegend rumnöhlen.
Königin Gertrude: Mach mal nen Stopper, Hammy!
Hamlet: Ich will Dir mal was verklaren: Du bist ne absolut miese Tussy, meine Liebe: Dich vom Bruder Deines abgenibbelten Alten legen lassen und die ganze Chose auch noch echt heiß finden!

Königin Gertrude: Bleib mir vom Body, Hammy, oder ich mach ne Sirene! *(sie schreit)*

Polonius, sich hinterm Vorhang bergend, ist gar erschreckt.

Polonius: Leute, die Bullen, wo bleiben denn die Bullen?
Hamlet: Echt ätzend, daß man nicht mal fünf Minuten cool quatschen kann! *(er tötet Polonius mit einem Dolchstoß durch den Vorhang)*
Polonius: Scheiß-Spiel! Getroffen! Der saß!

Doch noch ist nicht verströmt Polonius' Blut, noch steht erstarrt im Schreck die Königin, da kommt der Geist von Hamlets seel'gem Vater. Er mahnt den säum'gen Sohn zur Rache an dem König.

4. Akt

Was Hamlet tat, dem König wird's berichtet. Allein, was war, ist hier nicht mehr zu ändern.

König Claudius: Man kanns auch übertreiben. Und wir haben jetzt die Randale mit Polonius' Family am Hals. Der Typ wird echt lästig.
Und ängstlich, daß der Prinz könnt' weiterwüten, um sein Königleben auch besorgt, gibt Order er, ein Schiff wohl auszurüsten, das Hamlet bringen soll nach England noch am gleichen Tag. Doch ohne Wiederkehr — so ist der Plan.
Ein Brief befiehlt, man soll ihn dort ermorden.

König Claudius: Ex und hopp. Der Typ hat mich total fix und foxi gemacht.

*

Der Prinz fährt ab, und es trifft ein Laertes, des Polonius' Sohn. Den Vater wild zu rächen erstürmt er den Palast mit seinen Mannen.

Laertes: Was habt Ihr Saftsäcke mit meinem Alten gemacht?
König Claudius: *(zur Seite)* War ja logo, daß es Ramba-Zamba gibt. *(zu Laertes)* Keep cool, Hombre! Tut mir echt schrecklich sorry, aber Du weißt doch, Hamlet hatte in der letzten Zeit diese tierischen Depressis. Da ist er halt ausgeflippt und hat den Polonius kalt gemacht.
Laertes: Wo ist der linke Vogel? Den mach ich einen Kopf kürzer!
Dazu wird bald Gelegenheit sich bieten. Ein Brief verkündet Hamlets nahe Wiederkehr. Kampf mit Korsaren tat die Fahrt nach England stoppen.

*

Indes Ophelien, Laertes Schwester, konnt' nicht verschmerzen doppelten Verlust. Hamlets Verschwinden und der Tod des Vaters treiben ihr Herz in eine tiefe Schwermut.

Ophelia: Null Bock auf Future!

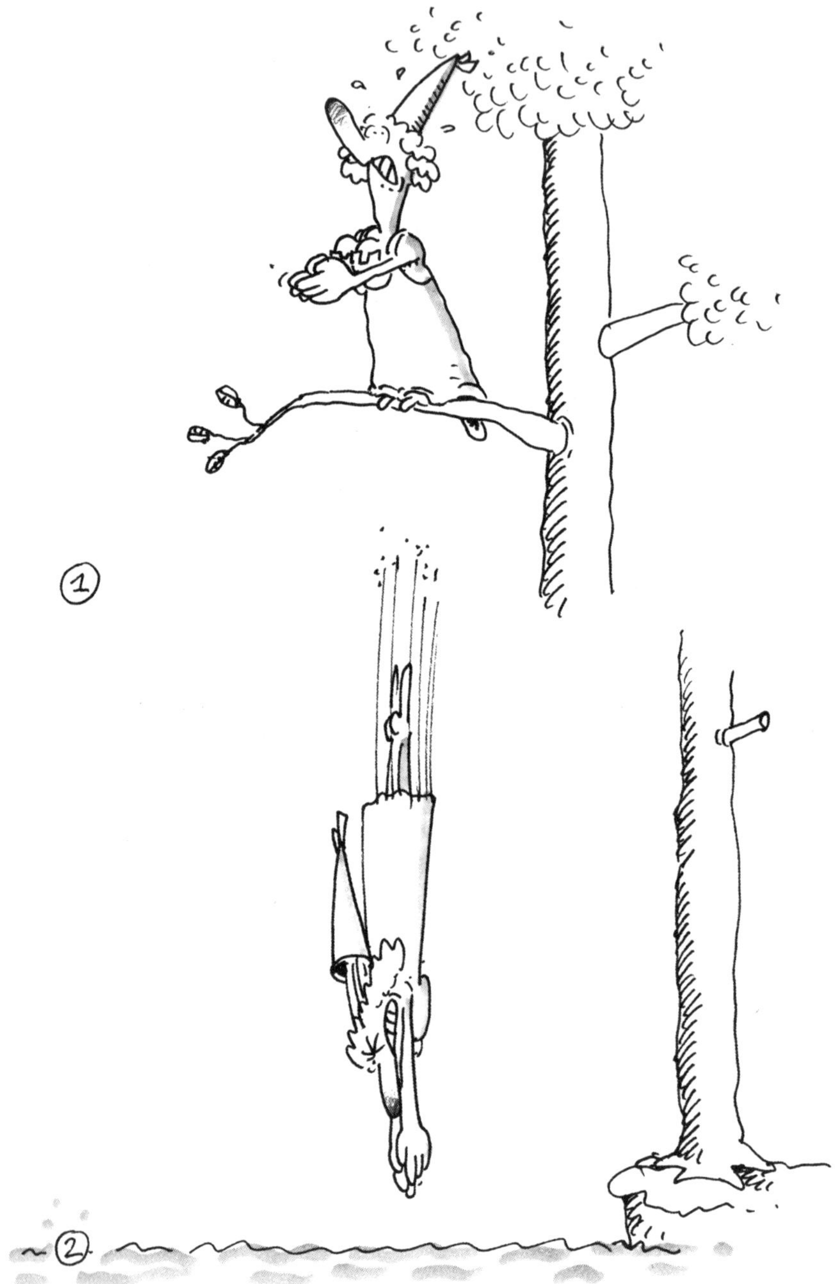
1
2

Und als vom Baum ins Wasser sie gestürzt, möcht sie nicht schwimmen, wie man's sie gelehrt, vielmehr läßt sinken sie sich auf den Grund.

5. Akt

An düst'rem Ort wir Hamlet nun erblicken, wo Totengräber graben eine Grube und Menschenschädel bringen an das Licht.

Hamlet: *(nimmt einen Schädel)* ... das war wohl Kojak.

Totengräber: Nee, irgend son Unterhaltungsfuzzy. Hatte wohl mal ne feste Show im Schloßprogramm. So ne Art Didi.
Hamlet: Ich flipp weg! Dieser tierische Joker? Der hatte echt affengeile Nummern drauf. Riecht nur ein bißchen streng, der Junge.
Horatio: Logo. Der ist ja auch schon ein Weilchen unter der Erde. J. R. sieht nach 30 Jahren wahrscheinlich auch nicht besser aus.

Da naht sich aus der Ferne ein Trauerzug, zu bringen die, der gilt die frische Grub'.

Hamlet: Komm, wir verpissen uns besser in die Büsche.

Ophelia ist's, die ach so früh Entleibte. Ins Grab wird sie gelegt ohn' Gottes Segen. Noch einmal möcht' der Bruder Laertes sie umfangen und springt ins Grab. Doch aus dem Busch stürmt auch Prinz Hamlet in die enge Grube.

Laertes: Ich glaub, mir rast der Blocker. Dieser Bonsai-Macho!
Hamlet: Ophi war meine Braut, kapierste?
Laertes: Das ist mir total schnuppe. Ich mach Dich alle!
Hamlet: Nimm Deine Wichsgriffel von meinem Schluckknorpel, sonst tret ich Dir in die Eier!
Trauergemeinde: Die spinnen, die Dänen!
Dänen lügen nicht!
Dänen aus der Grube!
Käse aus Dänemark!
König Claudius: Keine Panic auf der Titanic, Jungs. Ich schlage vor, daß Ihr jetzt erstmal ne kleine Steche macht. Aber total cool.

Doch Hinterlist der König führt im Schilde. Hat er sich doch geeinigt mit Laertes, daß dieser vor dem Kampf die Degenspitze mit einem tödlichen Gift soll präparieren, auf daß der kleinste Kratzer an der Haut Prinz Hamlet muß das Leben kosten.

König Claudius: Dann macht Hammy hoffentlich die Düse ins Nirwana.

Und nicht genug. Versagt das feige Mittel, so steht ein Kelch bereit dem durst'gen Prinz, daß er sich labe in den Pausen. S'ist Gift statt köstlich goldner Wein.

König Claudius: Der Stoff wird ihn endgültig umnieten.

Der Kampf hebt an, es blitzen die Rapiere. Manch Stoß wird ausgeteilt und brav pariert.

Königin Gertrude: Gottchen, was sind die beiden Jungs speedy heute! Da kriegste ja schon vom zugucken Schwitzflecken. Jubel mir mal einer das Gesöff rüber.

König Claudius: Mach keine Zicken, Alte. Das ist kein 08/15-Stoff!
Königin Gertrude: Egal! *(trinkt)*
König Claudius: Der helle Wahnsinn! Die schlabbert doch tatsächlich Hamlets Spezial-Cocktail runter. Heute geht aber auch alles in die Hose!

Kurz drauf Laertes stößt mit ganzer Kraft und trifft den Prinzen. Im Eifer des Gefechts jedoch vertauschen sie die Degen, der Prinz sticht auch den Laertes mit dem Schwert, woran die Spitz' vergiftet ward. Derweil die Königin zu Boden sinkt.

König Claudius: Gerti kann kein Blut sehn. Typisch Frau!
Königin Gertrude: Quatsch mit Soße! Da war was im Kaffee, Leute!
Laertes: Stop it, Hammy! Die Story ist eh gelaufen. In fünf Minuten sind wir alle kalt.

Der König aber ist noch gänzlich unversehrt.

Hamlet: Fehlt nur noch der Spezi mit dem goldnen Hut auf der Birne.

Und schon vom Tod gezeichnet, stößt Hamlet seinen Degen wohl in den Leib des Königs tief.

König Claudius: Ächz, Stöhn!
Hamlet: Ziemlich blutige Chose. Jetzt rutsch ich auch vom Schlitten. Das war's. Der Rest ist wohl Schweigen.

Inhalt

Die Autoren des Buches

Uta Claus 1949 in Krefeld geboren, Studium, Diplompädagogin, freie Mitarbeiterin für Rundfunk und Fernsehen. Ihr Bestseller »Total tote Hose« ist 1984 im Eichborn Verlag erschienen, illustriert von

Rolf Kutschera 1949 in Stuttgart geboren, seit 1975 freier Cartoonist, Trickfilmzeichner, Mitarbeiter bei NDR und Südfunk. 1978 bis 1980 Lehrauftrag an der Staatlichen Akademie der bildenden Künste in Stuttgart.

Noch mehr bockstarke Bücher aus dem Eichborn Verlag

Bockstarke Märchen
Das Beste, was je in Scene-Sprache geschrieben wurde. 12 Grimmsche Märchen: Sterntaler auf'm Wahnsinnstrip, Frau Holle wedelt die Rheumadecken aus, eine Emanze erzählt Froschkönig etc.
Das Ganze super (!) illustriert, 12,80 DM (1811)

Eine Leseorgie!
Hier wird das komplette Alte Testament rasant runtererzählt. Mit Spaß und Spannung, »Sex and Crime«, für Christen und Nichtchristen. »Dieser unheilige Knüller« (Münchner Merkur) »fasziniert wie ein Gute-Nacht-Krimi« (Die Zeit). Der neue Weg zur alten Bibel, 848 heitere Seiten lang.
Nur 16,80 DM (0100)

Alles klaro?
Der große Durchblick für alle Freaks, Spontis, Schlaffis, Softis, Flipper und Hänger sowie deren Verwandte und sonstige Fuzzis. Spitze — dieser Grundwortschatz für läppische **10,— DM** (1088)

200 himmlische Seiten
Hosianna, ein vifer Engel aus dem Fußvolk der Himmlischen Heerscharen, berichtet über die sieben aufregendsten Tage der Weltgeschichte. Alles live von den jeweiligen Schauplätzen und autorisiert von Mister Gott. Schöner Einband mit **vierfarbigem** Überzug von Rolf Kutschera. **20,— DM** (0133)